감정이 행동이 되지 않게

reappraisal

부정적인 감정을 이기는 긍정적인 생각법

감정이
행동이
되지 않게

우치다 마이 지음 | 정지영 옮김

"잠시 멈춰서 생각하는 게 중요한 거란다"

어느 날 큰아들을 학원에 데려다주기 위해 자동차에 올라탔다. 이대로라면 지각이 불 보듯 뻔한 시각이었다. 서둘러 시동을 걸고 후진하기 위해 뒷좌석을 보자 아들이 아직 똑바로 앉지도 않고, 안전벨트도 매지 않은 모습이 눈에 들어왔다. 나도 모르게 "지금 바로 나가지 않으면 늦는데 똑바로 앉지 않고 뭐 하는 거야?"라고 화를 냈다. 그러나 화난 내 목소리를 듣고 허둥지둥 안전벨트를 매는 아들의 모습을 보고 바로 죄책감이 몰려왔다. '아, 왜 이런 일로 언성을 높였지. 쟤도 늦고 싶지 않을 테고, 학원 간다고 숙제도 끝냈는데.'

"방금 화내서 미안해. 엄마가 마음이 급할 때는 짜증을 부리게 되나 봐. 하지만 이건 엄마가 초조해서 짜증이 난 거지, 네가 뭔가를 했다거나 하지 않아서 짜증이 난 게 아니야. 그런데 네가 나쁘다는 식으로 말해서 미안."

내가 운전하면서 이렇게 말하자 아들이 말했다.

"알아. 나도 가끔 기분이 안 좋을 때가 있는데, 그런 날은 심술을 부릴 생각이 없는데도 자꾸 심술궂은 말이 나와."

당시 일곱 살이었던 큰아들이 벌써 이런 생각을 하고 있다는 사실에 깜짝 놀랐다. 자신의 감정에 대한 관찰력과 그것을 언어로 표현하는 습관이 이렇게 어린 나이부터 자리 잡고 있다는 것에 뿌듯한 기분이 들었다. 우리는 대화를 계속했다.

"기분이 안 좋을 때도 있고, 초조해서 짜증이 날 때도 있어. 그때그때 느끼는 감정을 잘 이해하면서 왜 그런 마음이 드는지, 자신이 무슨 생각을 하는지, 어떤 행동을 하려고 하는지 잠시 멈춰서 생각하는 게 중요한 거란다. 엄마는 지각을 해서 학원 선생님을 기다리게 하는 게 죄송하고 부끄러웠어. 그런 생각이 드니까 불안해져서 늦게 출발하는 건 무조건 안 된다고 말하고 싶었던 거야. 하지만 네가 차에 앉아서 안전벨트를 30초 빨리 맨다고 해도 도착하는 시간이 크게 달라지지 않는데. 게다가 원래 학원 시간에 맞춰 가는 건 엄마 책임이고, 늦는다고 해도 네 잘못이 아니야. 그러니까 너한테 화를 낸 건 엄마 잘못이야. 다음부터는 오늘처럼 화를 내기 전에 이 사실을 생각하고 있을게."

이렇게 이야기하자 아들은 "응, 괜찮아. 나도 엄마가 서두를 때는 빨리 출발할 수 있도록 노력할게"라고 말했다.

우리 집의 대화가 항상 이렇게 평화롭고, 감정이 격앙되는 사건이 일어났을 때 쉽게 해결하느냐면 전혀 그렇지 않다. 그러나 자신이 지금 어떤 감정을 안고 있고, 또 그 배후에 있는 것이 무엇인지 똑바로 깨닫는 일을 아이들이 배웠으면 하고, 나도 매일 의식하고 있다.

어떤 사건에 대해 부정적인 감정이 솟아날 때, 잠시 멈춰서 그 감정과 그 감정의 전후에 있는 것을 다시 평가하는 일. 이것이 바로 이 책의 핵심 주제인 리어프레이즐Reappraisal이다. 이 말은 '재평가'라고 번역하는 경우가 많다.

재평가는 다르게 말하자면 부정적인 감정이 생겨난 배후에 어떤 생각이 있고, 그 생각은 어떤 식으로 구축되는 것인지 다시 살펴보는 사고 과정이라고 할 수 있다. 지금까지 쌓아온 자신의 경험을 다시 살펴보면서 달리 생각할 수 있는지 되짚어보면 어떤 사건에 대해 가능한 한 긍정적으로, 혹은 더 평탄한 방향으로 재해석할 수 있다는 말이다.

재평가는 자신의 감정을 조절하는 데에도 효과적인 도구라고 생각한다. 독자 여러분의 생활에도 꼭 도움이 되기를 바란다.

나는 미국 보스턴에 있는 매사추세츠 종합병원에서 소아정신과 의사로 일하고 있으며, 하버드대학교 의학부 부교수로 뇌신경과학에 대해 연구하고 있다. 사랑하는 세 자녀와 첼리스트인 남편과 함께 보스턴에서 살고 있다.

2006년에 홋카이도 대학교 의학부 재학 중에 미국의 의사 국가고시 USMLE의 세 가지 시험에 합격해 2007년 졸업과 동시에 미국으로 건너간 이후 16년 동안 미국에서 살았다.

평소에는 임상의로 아동의 우울증, 조울증, 불안장애, ADHD 등의 정신질환을 진료하고 있다. 동시에 뇌신경과학자로서 아동의 기분 조절이 뇌에서 어떻게 이루어지는지, 감정이 끓어오를 때 뇌에서 어떤 일이 발생하는지에 대해 연구하고 있다.

이제 내가 리어프레이즐, 즉 '재평가'에 관련된 이 책을 쓰게 된 이유를 소개하겠다.

2020년 이후 코로나 시기에 백신 계몽활동에 참여한 일이 내 인생에서 큰 전환점이 되었다.

모두 기억에 생생하겠지만, 코로나 시기에는 텔레비전과 SNS를 통해 의료 붕괴 현상과 불투명한 경제 상황이 잇달아 보도되었고, 전 세계 사람이 패닉 상태에 빠진 것처럼 보였다. 이 와중에 도저히 과학적이라고 할 수 없는 억측과 허위 정보가 퍼지면서 사회에 새로운 분열과 대립이 생겼다. 과학적으로 올바르지 않은 의학 정보가 오가면서 사람들은 혼란에 빠졌고, 모든 것을 의심하게 되었다. 결국 그동안 친밀했던 가족이나 친구 관계가 깨지는 비극적인 상황도 발생했다. 이런 상황에서 나는 의사로서, 뇌신경과학자로서, 한 사람의 부모로서, 과학적으로 올바른 의학 정보를 전달해 팬데믹의 종식에 기여하고, 불확실한 나날을 보내는 사람들의 정신건강을 돕고자 계몽활동을 이어나갔다.

2021년 1월, 마침 셋째아들을 임신 중일 때 코로나 백신을 접종했다. 임신 중에 크게 나온 배를 안고 찍은 사진이 코로나 백신 접종에 대한 내 견해와 의학적인 해설과 함께 소속 병원을 통해 알려졌다. 이 일은 크게 화제가 되어 많은 매체에서 보도되었다. 현재는 전 세계적으로 임산부의 코로나 백신 접종이 공식적으로 권장되고 있지만, 당시 그토록 많은 취재 요청을 받았던 것은 얼마나 국내에 잘못된 정보가 만연하고, 백신 접종에 대한 거부감이 확산되었는지를 보여준다고 생각한다. 또한 내가 일본인 여성이며, 하버드대학교 의학부에 연구원으로 재직 중이라는 흔하지 않은 이력이라서 더욱 그랬던 듯하다.

사람들의 열띤 반응에 진심으로 놀랐지만, 가장 충격적이었던 것은 SNS에 불이 나게 올라오는 악성댓글이었다. 얼굴도 모르는 사람이 "사망 원인은 어머니의 백신 접종"이라고 쓴 가짜 사산 보고서를 보내는 등 나를 모욕하는 댓글이 수도 없이 달렸다.

부정적인 감정을 타인에게 쏟아내도 자신을 둘러싼 상황은 바뀌지 않는 경우가 많음에도, 비방과 모욕을 반복하는 사람들은 끓어오르는 감정을 억누르지 못하는 상황이었다.

모욕하고 비방하는 말을 들으면서 나는 당연히 상처를 받았다. 하지만 내 자신보다 더 걱정스러운 것은 출산을 앞둔 여성들이었다. 공격으로부터 내 마음을 지키면서 임산부들을 지원할 수 있도록 활동을 지속하는 과정에는 이 책에서 소개하는 재평가가 중요했다.

이런 악성댓글 사태에 휘말리는 사람은 한정적일 수 있지만, 일상생활 속에서 누군가에게 들은 한마디나 인터넷에서 본 댓글에 영향을 받아 마음이 혼란스러워진 경험은 누구나 공감할 수 있을 것이다. 또는 무엇이 원인인지 모르겠지만 기분이 우울하거나 짜증이 나고, 그 감정에 휘둘려 후회할 행동을 한 적이 있는 사람도 있을 것이다.

이처럼 인간의 감정은 때때로 매우 성가신 존재가 되는데, 그 감정이 솟구치는 배경에는 생물학적인 뇌 구조가 있다. 이 부분이 내 전문 분야다. SNS에서 일어난 사건을 계기로, 부정적인 감정을 다스리는 방법에 어려움을 겪거나 인간관계로 고민하는 사람들에게 정신과 의사이자 뇌신경과학자로서 할 수 있는 일이 있을 것이라는 생각이 강하게 들었다.

인간은 서로를 지지하며 살아가는 사회적 생물이다. 다른 사람과 관계를 맺으면서 살아가는 이상 감정을 따로 떼어낼 수는 없다. 짜증을 내거나 화가 가라앉지 않는 상황에 놓일 수도 있고, 누군가를 질투하거나 인정받고 싶어 하는 것도 자연스러운 감정이다.

한편, 감정에 휘둘리면 자신이 고통스러운 경우가 많기 때문에 감정을 잘 다스리는 방법을 알고 있으면 마음이 편안해진다.

이때 도움이 되는 것이 바로 '재평가'다.

이 책에서는 재평가의 과정과 적용 방법을 내 경험과 뇌신경과학의 관점, 그리고 근거를 함께 소개하고자 한다. 스트레스를 느끼면서도 능력을 발휘하고 싶거나, 부정적인 감정에 휘둘리지 않고 자신답게 살고 싶은 사람뿐만이 아니라 "뇌는 왜 불안을 느끼는가?" "불안과 두려움의 감정과 정신건강은 어떤 관계가 있는가?"라는 주제에 관심이 있는 사람도 흥미롭게 읽을 수 있도록 다양한 내용을 담았다.

나는 어린 시절부터 '현 사회를 위해 무엇을 할 수 있을까?'라는 생각을 했고, 그 마음은 나를 움직이는 원동력이 되어주었다. 분열, 편견, 차별을 일으키는 배경에 주목하면서 약자의 존엄을 지키기 위해 우리 한 사람 한 사람이 무슨 일을 할 수 있을지 고민하지 않을 수 없었다. 사회 속에서 가능한 한 많은 사람이 행복하게 살 수 있도록……. 이것은 자신의 정신건강에도 직결되는 일이다.

코로나 사태를 경험한 지금이야말로 바로 정면에서 중요한 주제에 대해 여러분과 함께 생각하고자 한다. 그것이 이국에 살면서 다양성과 다문화 속에서 생활하는 내 역할일 것이다.

내가 재평가를 통해 얻은 많은 깨달음을 여러분과 공유하고 싶다. 그리고 이 책이 여러분에게 자신다운 인생을 살기 위해 일조할 수 있기를 진심으로 바란다.

2장
부정적인 감정을 이기는 긍정적인 생각의 힘

3장
회복력을 단련하려면

4장
'내 안의 나'가 무너질 때

1장

불안하고 두려운 건
감정인가 생각인가

✦ ✦ ✦

감정의
뇌신경과학

잠이 오지 않는다, 의욕이 생기지 않는다, 불안해서 진정되지 않는다, 중요한 상황에서 의도한 성과가 나오지 않는다, 다른 사람과 잘 어울리지 못한다. 현대에는 이런 정신적인 고민을 안고 있는 사람이 매우 많다.

그러나 불과 얼마 전까지 정신건강 문제를 공개적으로 언급하는 일은 드물었다. 마음의 병에 대해 "노력 부족", "인내심 부족", "약해빠졌군", "결국 본인 문제잖아"라는 식으로 편견을 가진 사람이 적지 않았기 때문이다. 자폐 스펙트럼 장애와 같은 병에 대해서도 "부모가 잘못 키웠기 때문이다"라고 과학적으로 잘못된 의견이 빈번하게 거론되었다. 그래서 이런 말들로 고통받는 아이들과 가족이 많았다. 물론 현대 의학에서는 부모의 육아 방식이나 대응이 자폐 스펙트럼을 초래한다는 주장은 완전히 부정되고 있으며, 마음의 병은 노력이나 인내가 부족해서 생기는 것이 아니다. 그러나 이런 사실이 과학적으로 증명된 현대에도 사회의 잘못된 편견으로 인해 필요한 치료에 도달하지 못하거나, 오히려 정확한 과학 정보를 전달하는 사람들이 SNS 등에서 공격받는 상황은 여전히 비일비재하게 일어나고 있다.

2021년 프랑스 오픈 시합에서 기자회견을 거부한 오사카 나오미大坂なおみ 선수의 일을 기억하는 사람이 많을 것이다. 프랑스 오픈을 포함한 4대 메이저 테니스 대회는 선수의 기자회견 참석 의무를 테니스 규정집에 명시하고 있으며, 이를 거부할 경우 높은 벌금이 부과된다. 그럼에도 오사카 나오미 선수는 대회 사흘 전 자신의 트위터를 통해 "기자회견에서 운동선수의 심리적 건강 상태가 무시된다고 느낀다. 시합 기간에 나를 의심하는 사람들 앞에 서서 내가 나 자신을 의심하게 되는 일은 피하고 싶다"라는 생각을 공표하고, 시합 후 기자회견을 거부했다.

뛰어난 실력을 갖춘 오사카 나오미 선수의 발언은 세상에 큰 충격을 주었고, 그녀를 칭찬하는 목소리와 "기자회견에 응해야 한다"라는 의견으로 나뉘었다. 그녀를 비난하는 목소리가 몹시 격렬했지만, 나는 오사카 나오미 선수의 용기 있는 결단으로 많은 사람이 구원받았을 것이라고 박수를 보내고 싶은 마음으로 가득했다.

일류 운동선수도 한 사람의 인간이다. 인간이 심리적 고통을 느끼는 것은 당연하지만, 운동선수는 항상 강인해야 한다는 요구를 받고, 상처를 입어도 고통을 표면에 드러내지 말라는 압박을 감내해야 한다. 이 압박이 내재화되면 자신을 더욱 몰아붙이는 상황이 발생할 수 있다. 오사카 나오미 선수는 이러한 상황에 파문을 일으켰다. 뛰어난 운동선수도 자신의 능력을 의심하는 불안을 느낄 수 있다는 것을 보여주었고, 그런 불안을 증폭시키는 상황을 견디지 않아도 된다는 것을 알려주었다. 그녀의 용기 있는 행동은 요구되는 일을 거부하더라도 자신의 마음을 지키는 것과 자신이 무엇을 할지 하지 않을지 스스로 결정하는 새로운 형태의 강인함을 보여주었다고 생각한다.

나는 소아정신과 의사로서, 미국 하버드대학교 의학부 부속병원인 매사추세츠 종합병원에서 아이들의 우울증, 조울증, 불안장애, ADHD 등의 전신질환을 진료하고 있다. 운동선수들은 대개 10대에서 20대 초반이라는 젊은 층에 속하기 때문에, 소아 정신과 의사로서 운동선수들의 정신건강 문제에도 관여하고 있다. 특히 피겨 스케이팅 분야에서는 나 역시도 낮은 수준의 선수였던 경험이 있어서 선수들의 정신적인 문제를 지원하는 활동에 참여하고 있다.

또한 뇌신경과학자로서 "뇌에서 기분 조절이 어떻게 이루어지는가?"를 연구하는 뇌 영상 연구와 임상 연구를 진행하고 있다.

예를 들어 내가 최근에 진행한 연구에서 유전적으로 우울증 요인을 가진 어린이는 외부의 부정적인 자극에 대해 감정을 생성하는 뇌 부위의 활동이 높아지는 경향이 있음을 발견했다. 이런 뇌 기능이 있으면 어떤 나쁜 일이 발생했을 때 그 사건에 감정적으로 반응하기 쉬워진다. 사람의 기분에는 이처럼 생물학적인 요소도 크게 관련되어 있다.

이는 사람마다 얼굴이 다르고, 키가 다르며, 관심 분야, 성격, 병에 걸릴 확률까지 다르다는 것과 같은 이치다. 사람에게는 이런 개성이 있고, 기분이 금세 가라앉거나 부정적인 생각에 쉽게 빠지는 문제에도 생물학적인 개인차가 존재한다.

또한 어떤 생물학적 요인이 있더라도 몸과 마음은 다양한 상황에 대처할 수 있다. 그러나 몸에 불편한 곳이 있어서 생활에 어려움을 겪거나, 병으로 고통스러운 증상이 있으면 사람들은 치료를 받아서 고통을 덜어내려고 한다. 혹은 운동을 하다가 부상을 당한 후에는 회복을 위한 재활이나 예방을 위한 스트레칭, 그리고 기술을 익히고 연습하는 트레이닝을 할 수도 있다. 신체적인 재활, 스트레칭, 트레이닝 및 치료와 마찬가지로 마음의 불편함을 예방하거나 회복하기 위해서는 심리치료나 약물치료 등으로 그 사람에게 맞는 방법을 적용해서 상황을 개선할 수 있다.

이 책의 핵심 주제인 리어프레이즐Reappraisal은 '재평가'라고 번역할 수 있으며, 과학적 근거(증거)가 있는 심리치료법인 인지행동치료 중 하나다. 이것은 불쾌한 감정이 들었을 때 가능한 한 긍정적인 감정으로 바꾸는 방법이다. 특히 불안이나 긴장 같은 감정을 조절하는 데에 효과적이라는 것이 다양한 연구를 통해 밝혀졌으며, 현업에서 활약하는 운동선수들도 활용하고 있다. 나도 일상적으로 이 방법을 사용한다. 비관적인 상황에서 마음을 전환하기 어려울 때는 이 책에서 설명하는 재평가 방법을 받아들이고, 연습한다면 불안과 긴장을 어느 정도 극복할 수 있을 것이다.

재평가에 관해 이야기하기 전에 감정을 주관하는 뇌의 구조에 대해 알아두면 이해하기가 더 쉬울 것이다.

먼저 감정이란 무엇인지, 불안과 긴장 상태에 있을 때 우리의 몸과 마음이 어떤 상태에 있는지 뇌의 구조를 통해 살펴보자.

✦ ✦ ✦

뇌는 왜
불안을 느끼는가?

'새로운 직장에 잘 적응할 수 있을까?'
'내일 중요한 프레젠테이션이잖아. 실패하면 어쩌지?'
'친구가 인사를 받아주지 않았어. 날 미워하는 건가?'

우리는 다양한 상황에서 스트레스와 불안을 느끼고, 그 감정에 따라 생각과 행동이 조절되는 경향이 있다.

이를테면 많은 사람 앞에서 하는 스피치, 스포츠 시합, 중요한 시험을 앞둔 상황에서 잘하고 싶다고 생각하면 할수록 더 긴장해서 평소 실력을 발휘하지 못한다. 혹은 어떤 긴장감이 눌러오는 상황에서 침착한 대응을 하지 못하고, 주변 사람과 다툼이 일어날 수도 있다. 감정에 휘둘려서 생각한 결과가 나오지 않는다는 고민을 안고 있는 사람도 많을 것이다.

'불안 같은 감정은 느끼지 않으면 좋을 텐데.'
'항상 긍정적으로 매사를 파악하면 좋을 텐데.'

이렇게 생각해도 그리 간단한 일은 아니다.
감정은 정말로 성가신 존재다.
왜 우리는 감정에 휘둘리게 되는 것일까?

불안의
정체란?

마음이 진정되지 않고 공포나 긴장을 느끼는 상태를 우리는 '불안'이라고 표현한다. 불안에도 미래에 대한 불안, 인간관계에서 오는 불안, 경제적 불안, 사건이나 장소·사물에 대한 불안 등 다양한 종류가 있다. 건강이나 안전에서 오는 불안도 있을 것이다.

어느 것이든 불안은 '앞으로 뭔가 나쁜 일이 생기지 않을까?'라는 감정이다. 시간 축으로 파악하자면 미래 지향적인 사고방식이라고 할 수 있다. 나쁜 일이 일어날지도 모른다는 위험성을 알아차리고, 몸과 마음을 대비하기 위한 알람 신호이기도 하다. 이렇게 불안은 자신을 지키기 위해 꼭 필요한 기능이라고도 할 수 있다.

대표적인 알람 반응은 '투쟁 도피 반응'이다. 우리가 뭔가 중대한 위험을 맞닥뜨렸을 때 대결할지 그 자리에서 도망갈지 순간적으로 판단하고, 몸이 대비하는 무의식적 뇌신경계의 작용이며, 대개 호흡이 빨라지거나 심박수가 증가하거나 땀이 분출되는 신체적 반응이 따라온다.

평소 생활에서 이런 경험을 해본 적이 없는가?

아침 출근길에 계단을 내려올 때 누군가와 부딪혀서 앞으로 떠밀렸다. 몸이 붕 뜨고 다리가 미끄러졌다. 위험하다고 판단해서 순간적으로 자세를 잡아 넘어지지 않았다.

아주 잠깐의 일인데, 갑자기 시간이 슬로모션처럼 진행되었다. 제정신이 들자 심장이 두근거리고 닭살이 돋으며 손에는 땀이 흥건했다. 기분이 진정되었을 무렵 겨우 '위험했어', '크게 다칠 뻔했어'라고 가슴을 쓸어내렸다.

이런 긴장 상태일 때 뇌에서 가장 먼저 반응하는 것이 위험 판정단이라고 할 '편도체'다. 뇌에서는 편도체 속 신경세포가 급격히 활성화해서 불안과 공포라는 감정을 만들어낸다. 그러면 그 감정에 뇌간이 반응하고, 무의식적으로 투쟁이나 도피 행동을 하기 위해 다양한 몸의 반응을 일으킨다. 아드레날린, 코르티솔, ACTH라는 스트레스 호르몬을 분비하도록 지령을 내려서 심박수와 호흡수를 올리고, 재빨리 반응할 수 있는 체제를 정비한다. 분노로 얼굴이 붉어지거나 머리가 새하얗게 되거나 반대로 집중력이 높아져 그 일만 생각하는 것도 뇌의 연계 활동에 따라 일어난다.

우리의 뇌는 약 1,000억 개나 되는 신경세포로 이루어져 있고, 복잡한 네트워크를 형성해서 대량의 정보를 처리하고, 해석하며, 우선순위를 매기고 있다. 뇌에서도 다양한 감정이 발생하는 부분이 바로 편도체다. 편도체의 신경세포는 즐겁거나 기쁠 때, 또는 위기 상황이나 위협이 다가올 때 활성화된다. 편도체는 뇌의 원시적인 영역으로 여겨지며, 긴장하는 상황에서는 감정 시스템이 '위협이 다가오고 있다!'라는 모드로 전환되어 먼저 활성화되기 시작한다. 이것이 불안이라는 감정이다.

참고로 뇌는 크게 대뇌변연계, 뇌간, 대뇌피질 세 부분으로 나뉘며, 각 부분의 기능은 다음과 같다.

• 대뇌변연계: 감정을 담당하는 부분. 감정을 생성하는 편도체가 속해 있다

• 뇌간: 호흡, 체온, 호르몬 조절 등 생명 유지에 필수적인 기본 기능을 담당한다. 긴장할 때 손에 땀이 나거나 떨리는 신체 반응이 나타나는 것은 편도체의 신경세포가 활성화되어 뇌간으로 신호가 전달되기 때문이다

• 대뇌피질: 논리적으로 사고하는 기능을 담당한다. 기억, 학습, 언어 정보를 종합해 판단을 내리는 것이 대뇌피질의 일부인 전두엽전영역prefrontal area이다

점차 뇌가 냉정을 되찾으면 대뇌피질이 작용해서 "사람이 많은 러시아워에는 특히나 서두르지 말고 계단으로 내려가자", "잡을 수 있는 손잡이가 있는 쪽으로 지나가자"와 같은 논리적인 사고를 통해 대책을 세우거나 위험도를 판정한다. 그러나 우리가 생각하기 전에 먼저 행동하는 것은 이성보다 감정이 먼저 작용하기 때문이다. 이는 위험이 따르는 상황에서 반사적으로 생명을 보호할 수 있도록 뇌에 갖추어진 시스템이다.

✦ ✦ ✦

감정은
생존하기 위해 필요하다

인간의 뇌에 편도체의 활성화 시스템이 갖추어진 배경에는 나름의 이유가 있다. 공포나 불안이라는 감정이 존재하는 것은 살기 위해 생겨난 생존본능의 하나라고 볼 수 있다.

수만 년 전, 아직 문명시대가 아니었던 시절의 인간 생활은 지금보다 훨씬 많은 위험이 근처에 도사리고 있었다. 맹수에게 공격을 당하거나 적에게 죽임을 당하거나 전염병, 추위, 기아로 죽기도 했다. 이런 가혹한 환경에서 살아남으려면 어느 때는 투쟁하고, 어느 때는 도피하도록 순간적으로 판단하고 행동해야 했을 것이다.

뭔가를 먹었을 때 맛이 이상해서 퉤 하고 뱉는 행동도 일종의 생존본능이다. 상한 음식을 먹었다면 병에 걸려서 최악의 경우 목숨을 잃을 수도 있다. 음식의 호불호를 차분히 논리적으로 검토하기보다 바람직한지 바람직하지 않은지 뇌가 순식간에 마음대로 판단해서 행동에 옮길 수 있는 사람이 생존에 유리하다.

뇌가 저도 모르는 사이에 여러분을 움직이는 것은 무엇보다 생존을 위해서다. 맨 처음에는 무의식의 감정이 솟아오른다. 그것이 공포와 불안의 정체다.

옛날에는 세상에 무서운 것은 없다고 생각하는 긍정적인 사람보다도 두려움과 불안을 잘 느끼는, 요즘 시대에는 부정적이라고 하는 감정에 민감한 사람이 생물로서 생존능력이 뛰어났던 것이다. 부정적인 감정을 간단히 제거할 수 없는 것도 생존이 달려 있는 감정이기 때문이라고 이해할 수 있다.

여기에서 전달하고 싶은 바는 불안이라는 감정은 본인이 나약해서 느끼는 것이 아니라는 점이다. 오히려 불안을 느끼는 것은 여러분이 필사적으로 생존하려고 하기 때문이다.

✦ ✦ ✦

긍정적/부정적 사고는
타고나는 것일까?

생존에 관련된 문제이므로 사람의 행동에 관련된 감정의 위력은 절대적이다. 그러나 현대에는 맹수에 공격당할 정도의 위기를 맞닥뜨릴 기회는 거의 없다고 할 수 있다.

부정적인 감정이 지나치게 강할 경우, 생활에서 곤란한 일이 생길 가능성이 크다. 분노를 조절하지 못하거나, 상황을 억누르려 할 때 온몸이 떨리거나, 어지러움, 두통, 어깨 결림 등이 지속되거나, 우울증 및 공황장애 같은 전신질환으로 이어질 수도 있다.

하지만 잘 생각해보면 동일한 사건에 직면해도 부정적으로 받아들이는 사람이 있는가 하면 별 영향을 받지 않고 태연한 사람도 있다. 이런 차이는 왜 발생하는 것일까?

이런 점과 관련해서 내 연구팀의 결과를 소개하겠다. 앞서 설명한 대로 우울증이 발병하는 데는 유전적 요인이 영향을 미친다는 것이 밝혀졌는데, 연구를 통해 뇌 기능에 대한 유전적 영향을 조사했다.

구체적으로 우울증 병력이 있는 부모에게서 태어난 아이와 그렇지 않은 아이를 그룹으로 나누어 부정적인 자극과 긍정적인 자극에 대한 뇌의 반응 차이를 관찰했다.

실험에서는 MRI 스캐너에 들어간 아이들에게 사람 얼굴 사진을 보여주었다. 사진은 행복한 얼굴, 화난 얼굴, 슬픈 얼굴, 무표정한 얼굴 등 다양했다. 각 사진을 보고 아이들의 뇌에서 어느 부분이 얼마나 활동하는지 측정했다.

우울증의 유전적인 요인이 없는 아이들은 어떤 얼굴을 봐도 대체로 뇌의 활동 수준이 비슷했다.

반면에 유전적인 요인이 있는 아이들은 부정적인 얼굴을 봤을 때 편도체의 활동이 활발해졌고, 긍정적인 얼굴을 봤을 때는 거의 반응을 보이지 않았다.

이 연구 결과로 알 수 있는 것은 우울증의 유전적 요인이 있는 아이들은 긍정적인 사건보다 부정적인 사건에 감정적으로 더 큰 영향을 받는다는 점이다. 즉 본래 뇌 기능으로 인해 외부의 자극에 부정적인 감정을 더 강하게 느끼는 유형도 있다는 말이다. 이런 생물학적인 요인이 우울증에 걸릴 위험성을 끌어 올린다고 판단된다.

그러므로 "부정적인 사고는 타고나는 것인가?"라는 물음에 대해서는 YES, 어느 정도 타고난 사고 경향이 있다고 답할 수 있다.

우울증에는 유전적인 요인만이 아니라 가족, 학교, 직장이라는 환경적인 요인도 관련된다. 다만 같은 환경에서 같은 경험을 겪은 사람 중에도 우울증에 걸리는 사람과 그렇지 않은 사람이 있다. 그것을 좌우하는 것은 유전적 요인을 포함한 생물학적 요인의 영향이 크다고 생각해도 될 것이다.

그리고 여기부터가 중요한 포인트다. 유전적 요인이 관련되어 있기 때문에 부정적인 사고는 바꿀 수 없는지 의문이 생길 수 있다. 대답은 확실히 No라고 할 수 있다.

＊ ＊ ＊

부정적인 사고는
바꿀 수 있다

이미 설명했듯이 처음에 솟아오르는 강한 감정은 외부 위협에 대비하는 생존본능이며, 이를 간단히 통제하기란 상당히 어렵다.

그러나 현실적으로 위험해 보이는 상황에 직면해도 도피하지 않는 사람도 있다.

그것은 우리의 뇌가 경험하거나 학습하면 어느 대상=위험이라는 인식을 바꿀 수 있기 때문이다.

예를 들어 이전에는 뱀을 보면 반드시 도망갔지만, '이 종류의 뱀은 독이 없어서 사람을 공격하지 않는다'라고 알고 있거나 '나는 이 정도의 위기는 극복한 적이 있다'라고 이전의 경험을 바탕으로 침착하게 대처할 수 있는 경우는 다르다.

강박성 장애라는 정신질환의 경우 화장실이 몹시 불결하다고 느껴서 변기 뚜껑이나 물을 내리는 손잡이를 만지지 못하는 사람도 있다. 화장실에 손을 대지 못하면 일상생활이 매우 곤란한데, 이런 경우는 노출 치료라는 방법을 도입하기도 한다. 싫은 감정을 일으키는 것에 조금씩 익숙해지는 것이다.

가령 화장실에 들어가는 부분부터 시작해서 시간을 점점 늘린다. '불안하지만, 그래도 화장실 안에서 나한테 위기가 오지 않았어'라는 경험을 통해 뇌에 새로운 정보를 주입한다. 진정해서 화장실에 있게 되면 다음에는 장갑을 끼고 변기를 만져본다. '장갑을 끼고 변기를 만져보니 더 강한 불안을 느끼지만, 시간이 지날수록 그 불안도 조금씩 줄어들었어'라는 식으로 단계적으로 강한 불안을 느끼지 않아도 된다고 뇌가 정보를 얻을 기회를 줘서 익숙해지는 방법이다. 이때 단계를 밟으면서 조금씩 진행하지 않으면 오히려 불안을 증폭시킬 수 있어 주의가 필요하다. 새로운 경험을 통해 '싫다', '불쾌하다'는 감정과 이어지는 행동과 장소, 그곳에 따라오는 감정을 다시 쓸 수 있다.

한편 재해나 성폭행 등 트라우마가 되는 두려운 일을 경험하거나 목격하면 PTSD(외상 후 스트레스 장애)라는 정신장애가 발병하기도 한다. 플래시백 현상이 일어나거나 악몽을 꾸기도 하며, 트라우마를 떠올리게 하는 장소나 사물을 피하려고 한다.

교통사고를 당해 외출하지 못하게 되고, 사고가 난 도로를 절대 지나가지 못하게 된 경우에는 사고가 발생한 시간대와 다른 시간대나 차량이 통행하지 않는 시간대에 현장에 가보는 식으로 조금씩 '그 장소가 두렵지 않다'라는 기억을 쌓아가는 방법을 시도한다. 그러면 기억과 감정의 강한 연결을 조금씩 약화시킬 수 있다.

이처럼 뇌는 가소성이 있으며, 이 가소성을 활용해 부정적인 감정을 긍정적인 방향으로 전환하는 방법이 재평가다. 경험이나 학습은 재평가의 과정 중 하나가 된다. 또한 재평가는 연습을 반복하면서 더욱 능숙해진다.

재평가를 계속 연습해서 잘하게 된 사람의 뇌를 MRI로 스캔하면 초기보다 논리적으로 생각하는 뇌 부위인 전두엽전영역과 감정을 생성하는 편도체의 협력 기능이 변하는 것을 확인할 수 있으며, 일상에서 좀 더 쉽게 긍정적으로 사고한다는 연구 결과도 있다. 이는 노력 여하에 따라 뇌 수준에서 긍정적으로 사고하는 습관이 형성될 수 있음을 보여준다. 따라서 지금 부정적인 사고를 한다고 해도 평생 그대로라고 포기할 필요는 없다.

✦ ✦ ✦

부정적인 감정은
없는 편이 나을까?

그런데 부정적인 감정은 없는 편이 나은 것일까?

실제로는 슬프거나 고통스러운데, 의식적으로 감정을 억누르고 느끼지 않으려고 하거나 억지로 긍정적인 사람이 되려고 할 때가 있다. 이것은 단기적인 기분 전환에 필요할 수도 있지만, 장기적으로는 오히려 해롭다고 하며, 해로운 긍정주의Toxic Positivity라고 부른다.

슬픈 감정을 웃음으로 감추거나 '느끼지 않아야지. 느끼지 않아야지'라고 무리하게 웃음 짓는 것은 고통이나 슬픔을 느끼는 자신을 부정하게 된다.

그러면 수치심 등의 2차 감정이 생기고, 자신 자신을 살피지 못하게 되며, 억압된 감정이 축적된다. 이는 몸과 마음에 영향을 끼쳐 분노, 불안장애, 우울증, 공황장애, 두통이나 이명과 같은 신체적 증상으로 나타날 수도 있다.

물론 긍정적인 사고는 훌륭하지만, '항상 웃고 있어야 해', '노력해야 해'라고 억지로 생각하는 것은 위험하다. 오히려 마음의 건강을 해치거나 자신의 부정적인 감정을 억압해서 마음의 부담이 될 수 있다.

괴롭다, 불안하다, 무섭다는 마음은 인간이라면 당연히 느끼는 것이며, 타인에게 별로 보여주고 싶지 않을 수도 있다. 솔직히 느끼고, 받아들이고, 대면한 다음 재평가하는 것이 중요하다.

또한 공포와 불안, 혐오감은 우리에게 매우 불쾌한 감정이므로 아주 강하게 안 좋은 생각이나 무서운 경험을 하면 뇌는 기억을 봉인하기도 한다. 때로는 기억장애가 와서 불쾌한 감정을 만든 사건의 전후에 보고 들은 것이 떠오르지 않는 경우도 있다. 잘 생각나지 않지만, '이 길을 통과하면 안 좋은 기분이 들어', '이 냄새를 맡자마자 속이 안 좋아'라는 일도 있다.

뇌는 무리임에도 우리의 의식과는 관계없이 기억을 꺼내거나 깊은 곳에 가두려고 하는 특성이 있다. 이렇게 강한 감정과 연결된 사실이나 경험은 의식 아래의 형태가 아니더라도 뇌에 남는다.

그러나 이런 뇌의 변화는 영속적이라고 단정할 수 없다. 감정을 불러일으키는 복잡하게 뒤얽힌 기억을 풀어나가거나 재구성하면 감정의 양상이 달라진다.

지극히 불쾌한 사건에 관련된 감정은 긍정적으로 재탄생하기가 쉽지 않다. 그러나 그런 불쾌한 생각이나 기억에 지배당하지 않고 일상생활을 쾌적하게 보낼 수도 있다. 만약 본인이 해당한다고 생각하는 사람은 희망을 품고 적절한 심리요법을 시도해보기 바란다. 그 과정이 간단하지 않을 수도 있지만, 우리는 누구나 행복을 느끼는 능력이 있고, 그 능력을 더 끌어내기 위해 자기 자신의 사고방식과 마주하는 일에는 의미가 있다.

여기까지 읽고 '잠깐만, 부정적인 감정을 가능한 한 긍정적인 감정으로 바꾸는 것이 재평가 아닌가? 그런데 부정적인 감정을 억지로 긍정적으로 바꾸는 것은 안 된다는 게 무슨 말이지?'라고 생각할 수도 있다. 하지만 걱정하지 말자.

키워드는 '억지로 하지 않는다'는 것이다.

드디어 다음 장부터 재평가에 대해 사고방식, 성립 과정, 받아들이는 방식 등을 소개한다. 재평가는 부정적인 감정을 받아들여 솔직하게 마주한 다음, 생각을 긍정적인 방향으로 향하는 방법이라는 것을 실천법을 배우면서 알아가기를 바란다.

2장

부정적인 감정을 이기는
긍정적인 생각의 힘

✦ ✦ ✦

재평가는 감정에 지배당하지 않는 자신을 만든다

감정을 조절하는 것이 간단한 일은 아니다. 나 역시 일상적으로 일어나는 사건에 가슴이 답답해지거나, 불안한 일이 있으면 계속 그 생각만 해서 결국 배우자나 아이에게 짜증을 내기도 한다.

하지만 그럴 때마다 실패가 따르더라도 되도록 내가 연구하는 뇌와 마음의 과학 지식을 활용해 내 감정을 되돌아보고, 새로운 시점을 받아들여 행동을 바꾸려고 노력한다.

부정적인 감정이 가라앉지 않을 때는 어떻게 해야 할까? 감정 조절 방법에는 여러 가지가 있지만, 내가 가장 선호하는 방법은 재평가 방식이다.

재평가는 안 좋은 감정을 다루는 방법이라고도 할 수 있다. 구체적으로 지금 안고 있는 부정적인 감정에 대해 솔직하게 자신과 마주하고, '왜 지금 이 감정을 느끼고 있는지', '그 감정의 배경에는 어떤 생각이나 경험이 있는지' 그리고 '그 감정이나 생각에서 일어난 행동을 바꿀 수 있는지' 감정이 솟아난 상황을 다시 평가하는 방법이다.

답답함, 짜증, 분노, 질투, 우울 등은 모두 자연스러운 감정이지만, 지나치게 쌓이면 스트레스로 이어져 심리적, 신체적 불편을 가져온다. 게다가 지나치게 감정적으로 되면 주변 사람과의 관계를 깨뜨릴 수 있다.

그렇다고 해서 표면적으로만 무리하게 긍정적으로 변하려고 하면 앞 장에서 언급했듯이 오히려 정신건강에 해로울 수 있다.

✦ ✦ ✦

재평가의 실천 사례
― 물을 쏟은 아들과 함께

　일상생활에서 내가 실천한 재평가의 사례를 소개하고자 한다. 내 일상에서 재평가를 실천할 일은 역시나 육아와 관련된 상황이다. 이때 부모도 아이도 좋은 배움의 장이 된다는 것을 실감하고 있다.

　큰아들이 세 살 때의 이야기다. 어느 날 내가 퇴근하고 돌아오니 아들은 나에게 어린이집에서 열심히 만든 공작품을 보여주고 싶어 했다. 하지만 나는 집에 와서 해야 할 일이 있어서 바로 봐주지 못했다. 아들은 자신을 최우선으로 대하지 않는 것에 화가 났고, 일부러 컵의 물을 카펫에 쏟았다.

만약 여유가 없었다면 "이게 무슨 짓이야?"라고 물을 쏟은 행동에 주의를 주었을 것이다.

하지만 그때의 나는 아들을 안아 올리고 "지금 무슨 일이 일어난 건지 함께 생각해보자"라고 말했다. 분노라는 감정에 행동을 맡기지 않고, 아들과 함께 "지금 상황을 재평가해보자"라고 시도한 것이다.

나는 재평가를 할 때 그 상황에서 느끼는 감정, 감정의 원인이 되는 생각, 그리고 결과로 나타나는 행동으로 나누어 분석한다.

아들의 기분을 물었더니 "(엄마가 봐주지 않았으니까) 슬펐고, 화를 내고 싶었어"라고 말했다. 이것은 그 순간에 솟아오른 감정이다. 그리고 "왜 슬펐어?"라고 묻자 "엄마가 나를 가장 소중히 해주지 않는 것 같아서"(생각)라고 대답했고, "그래서 물을 쏟았어"(행동)라고 이야기했다.

나는 "미안해"라고 말한 뒤 바로 봐주지 못한 이유를 설명했다. 그리고 아들의 분노와 슬픔을 이해하면서도 아들의 생각이 잘못되었다고 전달했다.

"엄마가 돌아와서 가장 먼저 반응해주지 않았다고 해서 엄마에게 네가 소중하지 않은 건 아니야. 어떻게든 1번으로 해주지 않아도, 순서가 바뀌어도 너는 엄마에게 가장 소중한 존재란다. 그러니 함께 물을 닦자"라고 말했다. 함께 물을 닦는 아들은 기분 탓인지 모르겠지만 행복해 보였다.

이렇게 아들의 분노와 슬픔이라는 감정에 이어진 생각을 정정해서 아들의 감정과 행동을 긍정적인 방향으로 바꿀 수 있었다.

"바쁜데 왜 이렇게 속을 썩이니!"라는 식으로 나 자신의 감정에 휘둘리는 형태로 꾸짖었다면 아이가 어떤 기분이었을지 알 수 없었을 것이다.

혹은 만약 내가 아들의 "엄마가 나를 가장 소중히 해주지 않는 것 같아서"라는 말에 반응해서 슬픔이나 죄책감에 휩싸였다면 가장 먼저 전달해야 할 메시지인 "너는 엄마에게 가장 소중한 존재란다"라는 생각도 제대로 전달되지 않았을 것이다.

아이의 생각을 듣고, 소통하면서 재평가를 받아들이자 나도 감정적으로 되지 않았고, 서로 행복한 마음으로 하루를 끝낼 수 있었다.

어른이 되어 나와 타인의 다양한 감정을 인식하게 되자 감정이 생겨나는 심리적, 뇌신경과학적 배경을 어린 시절에 학교에서 배웠으면 얼마나 좋았을까 싶었다. 그래서 나는 기회가 있을 때마다 아이들에게 감정과 그 조절에 대해 넌지시 알리고, 나의 재평가 과정을 공유하려고 노력한다.

✦ ✦ ✦

재평가는
연습하면 능숙해진다

재평가를 연구에 받아들인 뒤 나는 일상에서 의식적으로 재평가를 하게 되었다. 짜증 날 때, 분노가 진정되지 않을 때야말로 "재평가, 재평가"라고 스스로 되뇌었다.

자신의 안 좋은 기분을 마주하면서 다른 시점을 가질 수 없는지 다시 생각하고, 긍정적인 생각을 받아들이는 연습을 하다 보면 의외로 기분 전환을 잘할 수 있었고, 부정적인 감정에 재빨리 대처하는 일도 늘어났다. 제대로 되는 경우만이 아니라 실패도 연습의 하나라고 생각해서 반복적으로 시도하고 있다.

내가 어떤 식으로 재평가를 받아들이고 있는지 다른 예시를 소개하겠다.

어느 날 아이들이 발포 스티로폼으로 만들기를 하는 바람에 집 안에 스티로폼 조각이 흩날린 적이 있다.

나는 "제대로 정리해"라고 말했지만, 놀이에 열중한 아이들은 정리하려고 하지 않았다. 몇 번 말해도 들은 척을 하지 않으니 내 인내심은 한계에 다다랐다. 그리고 '아이들은 나에게 존경심이 없어'라고 생각하게 되었다. 자녀를 양육하는 사람이라면 누구나 경험할 만한 일상적인 풍경이다. 보통은 이때 화가 나서 아이들을 혼내기 쉽다.

하지만 나는 그 자리에서 잠시 멈추고 '내 짜증을 재평가해보자'라고 생각한 뒤 감정, 생각, 행동의 순서로 재평가를 해보았다. 우선 '지금 내가 이 감정을 느낄 필요가 있는가?'라고 자문했다.

그러자 '아이들이 내 말을 듣지 않는 것이 정말 나를 존경하지 않아서일까? 단순히 노는 게 재밌어서 더 놀고 싶어서, 그리고 정리하는 게 귀찮아서 그런 것이지, 나를 존경하지 않아서 그런 것은 아니다'라고 생각을 다시 할 수 있었다.

생각을 재평가하자 자연스럽게 분노의 감정이 가라앉았고, 고함을 칠 뻔했던 행동도 바꿀 수 있었다.

감정이 가라앉으면서 상황을 차분하게 정리할 수 있게 되었고, 이제 필요한 것이 무엇인지 보였다. 내 목표는 아이들이 내 말을 듣는 것도 존경을 받는 것도 아니며, 방을 정리하게 하는 것이었다.

어떻게 하면 방을 정리하게 한다는 목표를 달성할지에 초점을 맞췄다. 나는 아이들에게 "지금부터 정리하기 시합을 시작할 거야. 방의 반은 엄마가, 나머지 반은 너희가 정리해보자"라고 말했다.

"누가 더 빨리할 수 있을까? 준비, 시작!"이라고 말하며 내가 정리를 시작하자 아이들도 바로 뛰어들었고, 10분 만에 정리가 끝났다.

아이들은 깨끗해진 방을 보고 "이렇게 깨끗해지니까 기분이 좋아!"라고 웃으며 성취감을 느끼는 듯했다.

그때 만약 분노를 억제하지 못하고 아이들을 계속 혼냈다면 집안은 불편한 분위기로 가득 차고, 아이들뿐 아니라 나에게도 씁쓸한 상황이 되었을 것이다.

또한 만약 내 목표가 '아이들이 나에게 존경심을 가지게 할 것'으로 바뀌었다면 내가 소리를 지르고 아이들에게 강제로 시키는 방법으로 그 목표를 달성했을까? 답은 말할 필요도 없다.

이런 식으로 항상 쉽게 해결되는 것은 아니지만, 재평가를 통해 자신의 감정과 상황을 새롭게 파악하면 긍정적인 기분과 좋은 성과로 바꿀 수 있다.

게다가 성공 사례를 돌아보면서 '이렇게 생각하니 내 기분을 조절할 수 있구나'라고 깨닫거나 실패 사례를 돌아보면서 '여기에서 재평가해야 했어'라고 반성하는 것도 좋다.

사람에 따라 뇌 기능에는 생물학적인 차이가 있다고 해도 인간은 자신의 사고를 통해 전두엽전영역을 활성화시키고, 생각하는 뇌 부위인 전두엽전영역과 느끼는 뇌 부위인 편도체의 연계를 강화할 수 있다. 이런 반복 과정을 통해 점차 재평가에 능숙해지는 것을 나는 실감하고 있다.

✦ ✦ ✦

재평가의
뇌신경과학

재평가란 뇌의 어떤 기능이 작용해서 가능한 것일까?

내 연구에서 이를 조사해보았다. 재평가를 통해 슬픈 기분을
줄이기 위해 뇌가 어떤 식으로 기능하는지 조사한 연구다.

실험에서는 MRI 스캐너에 들어간 성인에게 부정적인 영상을
보여주었다. "처음에는 부정적인 감정이 솟아나는 것 같지만,
자신의 슬프거나 무서운 느낌, 혹은 분노 감정을 재평가해서
조금이라도 줄일 수 있도록 긍정적인 시점으로 바꿔보세요"라
는 과제를 주었다. 부정적인 감정을 줄이기 위해 같은 영상에
대해서 별도의 해석이 가능한지 생각하는 일을 시도하게 했다.

가령 두 여성이 서로 부둥켜안고 울고 있는 사진을 보여주었다. 우는 사람의 사진을 보면 대개 처음에는 '슬퍼 보인다'라는 느낌을 받는다. 하지만 재평가하면 어떤 사람은 "무언가 나쁜 일이 있었던 것 같지만, 이 사람들은 무사했다"라고 긍정적인 부분에 초점을 맞춘다. "헤어졌던 딸과 마침내 재회한 것 같다"라고 다른 해석을 할 수도 있다. 혹은 "지금 이 사람들에게는 슬픔이 있을지 몰라도 내일은 더 좋은 날이 올 것이다"라고 생각하는 사람도 있다.

MRI 스캐너 속에서 본 것이 화재가 난 집에서 소방관이 불을 끄려고 하는 그림이라고 해보자. 이 경우도 "소방관이 와줘서 다행이었다" 혹은 "이것은 그림이고 현실이 아니라서 괜찮다"라는 식으로 생각하면 좀 더 부정적인 감정을 줄일 수 있다. 후자의 답은 게시된 상황에서 거리를 두어 긍정적인 사고로 전환하고 있는데, 디스턴싱Distancing이라는 재평가 사고법 중 하나다.

이 연구에 따라 본래 재평가를 잘하는 사람과 잘 못하는 사람이 있다는 것이 밝혀졌다. 그런데 재평가를 못한다는 것은 구체적으로 어떤 것일까?

예를 들어 스쳐 지나가는 사람의 부정적인 표정을 봤을 때 불쾌해지거나 기분 전환을 쉽게 못하는 일이 있을 수 있다.

또한 많은 사람이 조금 안 좋다고 느끼는 정도의 일에서도 상당히 불쾌한 느낌을 받는다. 그런 사고의 특징을 가진 사람은 재평가에 능숙한 사람보다 우울증에 걸릴 위험이 크다. 즉 재평가에 능숙함/미숙함이 우울증의 발병과 관련된다고 볼 수 있다.

이 연구에서는 재평가를 할 때 뇌에서 어떤 변화가 일어나는지 더 조사했다. fMRIfunctional Magnetic Resonance Imaging라는 방법을 이용하면 과제를 시행할 때 뇌의 어느 부위가 활성화되는지 알 수 있다.

① 처음에 감정을 생성하는 뇌의 편도체 신경세포가 활성화되어 활발해진다.
② 다음으로 감정을 조절하는 전두엽전영역의 신경세포가 활성화되어 활동이 시작된다.
③ 편도체의 신경세포 활성화가 점차 진정된다.

이런 경과를 따라간다는 것을 알 수 있다.

휴지 상태 fMRIResting—State fMRI라는 방법을 이용하면 휴지 상태인 뇌의 기본적인 활동과 기능적인 네트워크를 조사할 수 있다.

우리 연구에서는 재평가를 잘하는 사람의 뇌는 휴지 상태에서 편도체와 전두엽전영역이 유연하게 활동하며, 업다운하면서 작용한다는 것을 발견했다.

또한 전두엽전영역의 활동이 활발한 사람일수록 재평가를 잘한다는 것도 밝혀졌다. 반면에 재평가를 잘 못하는 사람의 뇌는 편도체와 전두엽전영역의 활동 영역이 독립적이지 않고 동시에 활성화되는 경향이 있었다.

재평가에는 생각을 담당하는 전두엽전영역의 활발한 작용과, 감정을 담당하는 편도체와 전두엽전영역이 각각 독립적으로 작용하는 네트워크 기능이 필요하다.

✦ ✦ ✦

재평가의 성립 과정:
인지행동치료

그런데 재평가는 어떻게 생겨난 것일까? 그 성립 과정에 대해서도 소개하겠다.

재평가는 심리요법이나 정신과 치료 등에서 사용하는 인지행동치료CBT, Cognitive Behavioral Therapy 기법 중 하나다.

인지행동치료의 성립 과정에는 크게 두 가지가 있다. 하나는 학습 이론을 바탕으로 한 행동치료, 다른 하나는 정신분석적 심리치료에서 발전한 인지치료다.

행동치료는 행동의 문제에 주목해서 어떤 행동이 적절한지 생각하고 실행해서 문제를 해결하는 치료법이다. 그 기초는

'파블로프의 개'로 잘 알려진, 1900년대 초반 러시아의 생리학자 이반 파블로프Ivan Pavlov가 제창한 학습 이론에서 시작되었다. 이후 버러스 스키너Burrhus Skinner와 존 왓슨John Watson 등의 주요 학자들에 의해 사람의 문제 행동이나 증상을 제거하거나 바람직한 행동을 증가시키는 심리학적 기술로 발전했다.

한편 인지치료는 1960년대에 프로이트Sigmund Freud의 정신분석을 학습한 미국의 정신과 의사 아론 벡Aaron Beck이 우울증 치료를 위해 개발한 심리요법으로 알려져 있다.

주관적인 경험을 '인지'로 다루며, 사물의 인식을 변화시키는 것이 문제 행동이나 증상을 제거하는 데에 도움이 된다고 주장했다.

이렇게 각각 발전해온 행동치료와 인지치료는 20세기 후반에 합쳐져 인지행동치료라고 불리는 경우가 많아졌다.

인지행동치료는 시간을 들여 많은 학자가 각각 이론과 기법을 제창하면서 발전해왔기에 수많은 기법이 존재하고, 지금도 연구되면서 진화하고 있다.

참고로 구글 등의 많은 대기업이 사원 연수에 도입하는 마인드풀니스Mindfulness는 지금 이 순간에 의식을 향하는 명상법의 하나로 미국에서는 큰 인기를 얻었는데, 이것도 인지행동치료의 기술 중 하나로 최근 폭넓은 상황에서 이용된다. 심리 카운슬링에서도 인지행동치료를 이용하는 경우가 많다.

인지행동치료나 그곳에서 파생된 다양한 기법을 이용해 그 사람의 굳은 사고를 다시 살펴보고, 같은 상황에서 다른 사고 방식을 할 수 있다는 것을 알게 한다. 또한 적은 선택지 속에서 행동해온 사람에게 흑백의 선택이 아니라 유연하게 행동할 수 있다는 깨달음을 촉구한다.

사고방식을 무리하게 교정하지 않고, 자신의 생각을 구축한 계기가 된 경험을 대면해보고 다른 시점도 있음을 깨닫는 것이다. 그리고 개개인의 인지를 부정적인 편견이 적은 쪽으로 바꿔가는 이미지라고 생각하면 된다.

유연한 시점과 사고방식이 몸에 배면 스트레스에 제대로 대처할 수 있다. 이런 과정이 최근 인지행동치료의 수법이며 재평가도 요소의 하나다.

인지행동치료는 무엇보다 의학적 증거가 집적된 심리치료이며 인지행동치료를 하기 전과 후에 뇌 기능이 바뀐다는 것이 다수의 연구 논문으로 나타나고 있다. 우울증을 비롯해 불안장애, 강박신경증, 불면증 등 여러 갈래에 걸친 증상에 치료 및 재발 방지 효과가 있다고 인정받고 있다.

최근에는 정신과 치료만이 아니라 비즈니스 종사자나 운동선수의 정신건강 등 광범위한 영역에서 인지행동치료의 사고방식이 도입되고 있다.

＋ ＋ ＋

인지는
개개인이 다르다

여기에서 재평가의 실천과도 관련된 우리의 인지에 대해 생각해보자.

우리가 다양한 감정을 느끼는 것도 그로 인해 일어나는 행동도, 전부 뇌의 반응에 따라 발생한다. 그중에서 인지란 우리의 생각과 매사를 파악하는 방식을 말한다.
애초에 인지는 어디에서 오는 것일까?

우리는 개개인이 다른 생각(인지)을 지니고 있다. 이 차이에는 본래의 성격 등 생물학적인 요소가 가장 큰 영향을 준다.

새로운 친구를 사귀는 것이 즐거운 사교적인 사람도 있고, 타인과의 관계보다도 혼자서 지내는 시간이 좋은 사람도 있다. 어지간한 일에는 겁을 먹지 않는 사람도 있고, 사건 하나하나에 큰 의미를 부여하는 사람도 있다. 그런 타고난 성질에 더해서 이제까지의 양육환경, 만난 사람, 경험한 일 등에서 그 사람의 가치관이 형성된다.

가령 실패해도 그것을 수정해서 회복한 경험이 있는 사람은 하나의 괴로운 경험은 자양분이 된다고 생각할 수 있다. 또한 어떤 시험에 떨어져도 다른 분야에서 좋은 평가를 받은 적이 있는 사람은 어쩔 수 없다며 흘려보낼 수 있다.

그러나 실패해본 적 없는 사람, 다양한 축으로 평가를 받아본 적이 없는 사람, 실패했을 때 매도당한 경험이 있는 사람은 같은 상황에서도 "내 인생은 이제 끝이야"라고 더 비관적으로 생각한다.

이렇게 같은 사건이라도 사람마다 다르게 인지한다.

그렇기에 자신의 인지는 어떻게 형성되었는지, 무엇이 영향을 주었는지 이해하는 일이 중요하다. 이해하면 자신의 인지에 특정 한 가지 경험이 큰 영향을 미치고 있음을 깨달을 수도 있다. 그것을 인식하면 다음에는 한 가지 경험에서 생겨난 인지가 다른 사건에 적용되지 않는다는 것을 깨달을 수도 있다.

게다가 인지에는 당시의 상황과 몸 상태도 포함한 심신의 컨디션도 영향을 준다. 피로, 수면 부족, 공복, 그리고 바빠서 마음의 여유가 없을 때는 특히 부정적인 감정과 생각이 떠오르기 쉽다.

앞서 내 사례를 소개했는데, 육아와 일로 바쁜 부모 중에서 말을 듣지 않는 아이에게 화가 나서 버럭 꾸짖고 후회한 경험이 있는 사람은 나만이 아닐 것이다.

사람은 여유가 없으면 짜증의 끓는점이 낮아진다. 그럴 때는 그 자리에서 자신의 끓는점이 낮아졌음을 인식하고 의식적으로 심호흡을 하자. 간식을 먹거나 차가운 물을 마신다. 쉬어야 할 때는 쉰다. 혹은 "오늘 엄마는 몸 상태가 안 좋으니까 제대로 반응하지 못할 수도 있어. 조급한 마음이 들지 않도록 빨리 준비하거나 자신이 할 수 있는 일은 스스로 해서 최대한 도와줬으면 좋겠어"라고 자녀나 배우자에게 부탁해도 좋을 것이다.

그리고 무심코 버럭 화를 냈을 때는 "몸 상태가 안 좋은데도 노력하고 있구나"라고 자기 자신에게 친절하게 말을 걸어준 다음 아이에게 사과해도 좋다.

✦ ✦ ✦

메타인지와
객관화

얼마 전 여섯 살인 둘째아들이 흥미로운 이야기를 해주었다.

아침에 일어났는데 둘째아들의 얼굴에 코피가 난 흔적이 있어서 "어? 밤에 코피가 났어?"라고 물었다. 자기 얼굴이 보이지 않아서 피가 난 것을 몰랐던 둘째가 "나는 내 얼굴이 보이지 않아. 엄마도 엄마 얼굴은 보이지 않아. 인생은 일인칭으로 살수밖에 없어"라고 말했다.

아무리 자신을 객관적으로 보려고 해도 자신의 시점으로만 객관화할 수 있다는 것, 그래서 인생은 자신에게 의미 있는 것으로 만들어야 한다는 생각이 들었다. 잠을 자다가 깬 여섯 살

아이의 명언이라 해야 할 것이다.

자신을 객관적으로 바라본다는 의미에서 '메타인지Meta cognition'라는 개념이 존재한다.

메타인지는 '인지를 인지하는 일'이다. 즉 자신의 감정 패턴이나 사고 습관, 그리고 현재 어떤 생각을 하는지 분석해서 재평가의 중심적인 역할을 한다. 이 과정에는 자신의 사고방식을 객관적으로 바라보는 것도 포함된다.

예를 들어 다음 날 프레젠테이션을 해야 한다고 하자.

'실패하면 어떡하지? 창피를 당하고 싶지 않은데……'

이런 불안으로 머릿속에 온갖 생각이 떠오른다. 이때 '프레젠테이션을 하다가 더듬거려서 다시 말해도, 나 빼고 다른 사람들은 신경도 쓰지 않을 거야'라고 다시 생각해본다.

이처럼 자신을 다른 사람의 시점으로 바라볼 때 어떤지 상상하며 객관화하는 능력도 감정을 조절하는 데에 중요한 역할을 한다.

타인의 시점을 고려하는 일, 인지 패턴에 대해 돌이켜보는 기능을 지원하는 것도 사실은 뇌의 전두엽전영역이다. 전두엽전영역은 사춘기 때부터 급격히 발달하기 시작하며, 일반적으로 20대 후반까지 성장한다고 알려져 있다. 전두엽전영역이 발달 중인 시기에는 감정을 느끼는 힘을 가늠하지 못해 통제 불능처럼 느껴질 수도 있다. 그러나 점차 성인이 되면서 감정에 크게 휘둘리는 일이 줄어든다.

성인임에도 전두엽전영역의 능력을 충분히 활용하지 못하는 사람도 많지만, 한편으로 우리 인간에게 갖춰진 사고력은 나이와 관계없이 계속 성장할 수 있다.

✦ ✦ ✦

인지 왜곡은
누구에게나 있다

다음으로 인지 왜곡이라는 개념을 소개하겠다. 본래의 성격이나 경험 때문에 형성된 사고 패턴이 잘못되었거나 자신에게 필요 없는 악영향을 주는 경우를 말한다.

프레젠테이션의 예를 들자면 '말을 더듬으면 어쩌지?'라고 긴장하는 사람은 많지만, 그 와중에 '말을 더듬어도 듣고 있는 사람은 별로 신경 쓰지 않을 거야'라거나 '한 번의 프레젠테이션에서 말을 더듬는다고 내 가치가 정해질 리 없어' 하며 긴장이 풀리는 사람도 있고, '말을 더듬으면 창피해서 죽고 싶을 거야'라고 생각하는 사람도 있다.

이런 사람은 걱정이 많고, 완벽주의라는 본래의 성격에 더해서 혹시나 가족이나 배우자에게 별로 인정받지 못하고, 수치심을 느낀 경험이 있을지도 모른다. 그 결과 무슨 일이 있어도 자책하거나 사소한 일로 우울해지거나 바로 안 좋은 방향으로 생각하거나 실패가 두려워서 주변을 통제하려는 마음이 강해지는 사고 습관이 생겼을 수도 있다. 그것은 인지 왜곡이다.

여기에서 인지를 다음과 같이 재평가해본다면 어떨까? '프레젠테이션에서 말을 더듬는 일은 대단히 창피한 일이다'라는 생각이 타당한지, 다시 평가해본다.

아들이 보스턴의 학교에서 "그 문제는 큰 문제인가, 작은 문제인가? 문제의 크기에 따라 대응은 바뀌며, 모든 문제에 대응해야 할 필요도 없다"라는 것을 배웠는데, 매우 좋은 사고방식이라고 생각했다.

마찬가지로 프레젠테이션도 얼마나 큰(중요한) 프레젠테이션인지에 따라서도 대응이 바뀐다고 생각한다.

청중이 얼마나 있는가?

듣고 있는 사람 중에 자신의 장래에 관여하는 중요한 사람이 있는가?

지금까지 프레젠테이션에서 말을 더듬어서 뭔가 나쁜 일이 일어났는가?

수치심이 들었다면 구체적으로 무슨 나쁜 일이 일어났는가?

이런 질문을 자문해보면 대개 "프레젠테이션에서 말을 더듬어도 내 생활에 특별히 큰 영향은 없다"라는 사실에 도달할 것이다.

물론 그것으로 모든 긴장이 풀릴 수는 없지만, 조금은 안심이 되지 않을까?

인지 왜곡은 다른 사람에게 지적당해도 쉽게 와 닿지 않는 경우도 많으므로 자기 자신이 그것을 알아차려야 할 수도 있다. 내버려두면 부정적인 사고가 머릿속을 뒤덮고 만다. 그 결과 불안이 이끄는 대로 행동해서 프레젠테이션을 완벽하게 하지 않으면 안 하는 편이 낫다고 포기하거나 아무에게도 영향을 주지 않는 하나의 실패를 놓고 몇 년 동안 분통해하는 등 상당한 에너지를 낭비하게 된다.

자신에게 악영향을 주는 인지가 있음을 깨달으려면 무엇보다 자신이 느낀 감정을 놓치지 말아야 한다. 그리고 강한 감정이 솟구쳤을 때 멈춰서 그 감정의 배경에 있는 생각, 경험, 그 감정에서 나온 행동에 대해 여러모로 생각해본다.

인지 왜곡은 길게 가지고 갈수록 강해지는 부분도 있는데, 몇 살이 되어도 늦지 않았으니 재평가를 의식하기 바란다.

✦ ✦ ✦

인지 왜곡의
종류

인지 왜곡은 다양한 형태로 발현하는데, 사실 자주 나타나는 패턴이 몇 종류 존재한다. 사고방식의 패턴에 이름이 붙어 있으면 그 왜곡을 알아차리기 쉽다.

여기에서 몇 가지 인지 왜곡의 패턴을 소개하겠다.

① All or Nothing/Black and White Thinking : 이분법적 사고, 흑백 논리

세상에는 흑백이 확실하지 않은 회색 사상이 많고, 많은 사상은 흑인지 백인지 확실히 할 필요도 없다. 그러나 우리는 때때로 '성공인지 실패인지', '훌륭한지 형편없는지' 두 가지로 나누

려고 한다. '100점이 아니라면 실패다'라고 생각하면 확률적으로 실패가 훨씬 많아져 낙담하고 자책할 기회가 많아진다. 완벽하게 하지 못하면 하지 않는 편이 낫다고 먼저 포기하는 일도 있다.

그러나 세상에 100점 만점을 받아야 할 일은 별로 없다.

80점을 얻기 위해 한 노력을 치하하고, 70점을 받은 일에도 충분히 역할을 다했다고 인정할 수 있다. 60점을 받아도 어떻게든 되며, 혹시 그 자리에서 30점밖에 얻지 못했어도 다시 하면 된다.

이분법적인 사고가 아니라 인지에 따른 유동성을 부여할 수 있으면 마음이 편안해진다.

마찬가지로 인간관계에서도 "저 사람은 훌륭하다"라고 크게 칭찬하거나 "저 사람은 최악이다"라고 매도하는 식으로 둘 중에 하나를 고를 필요는 없다. '저 사람은 이런 점은 부족하지만, 이런 좋은 점도 있다'라는 회색의 평가도 건전한 인간관계를 구축하는 데에 중요하다.

② Fortune Telling: 예언

Fortune Telling은 점쟁이 혹은 미래에 일어날 일을 확신해서 예상한다는 의미다. 우리는 미래가 불확실한데, '내 장래는 이렇게 될 것이다'라고 믿는 경우가 있다.

이 인지 왜곡을 Fortune Telling이라고 한다.

예를 들어 신입사원이 '지금 이 업무량이 나에게는 벅찬데, 다음 달에 맡는 일이 더 많아지면 패닉이 오겠구나'라고 생각했다고 하자. 실제로 다음 달은 업무에 익숙해져서 더 자신감 있게 일을 할지도 모르고, 맡은 일이 늘어나지 않을 수도 있다. 미래를 예상해서 준비하거나 자신이나 자신의 환경을 구축하는 것은 매우 의미가 있지만, '나중에 이렇게 될 것이다'라고 마음속으로 결론 내리면 일이 발생하기 전부터 불안이 엄습한다. All or Nothing Thinking의 예시처럼 '어차피 실패할 테니까 노력하는 의미가 없다'라고 도전하기 전에 포기할 수도 있다.

그런 인지 왜곡을 깨달을 때는 지금 여기에서 일어나는 일, 느끼는 바, 생각하는 것에 눈을 돌리는 것이 중요하다.

③ Mind Reading: 마음 읽기

우리는 본래 타인이 어떤 생각을 하고, 어떤 느낌을 받는지 알 수 없다. 그러나 무심코 "상대는 이렇게 생각하고 있을 것이다. 이런 느낌이 들 것이다"라고 단정 짓기도 한다.

예를 들어 친구에게 메시지를 보냈지만 답장이 없을 때 '내가 싫어진 것 같아' 혹은 '친구가 나를 존중하지 않는 것 같아'라는 비관적인 생각에 자연스럽게 빠질 수 있다. 실제로는 친구가 메시지를 확인하지 않았거나 다른 일로 바빠서 답장할 여유가 없을지도 모른다.

이처럼 친구에게서 답장이 없는 이유는 자신이라는 존재와 전혀 관계없는 곳에 있을 수 있다. 누군가 자신에 대해 어떻게 생각하는지 신경이 쓰일 때는 '사람은 자신이 아닌 남이 생각하는 것은 알 수 없다'라는 단적인 사실을 떠올려야 한다.

또한 우리는 그 누구라도 친구나 연인에게 거절당하는 경험을 한다. 좋아하는 사람에게 차이거나, 친하다고 생각했던 친구와 연락이 끊어지는 경우에는 누구든 상처받고 슬퍼지기 마련이다. 왜 그러는지 이유를 찾고 싶지만, 아무리 생각해도 상대방의 속마음은 알 수 없으며, 이유를 물어도 확실한 답을 들을 수 없거나 납득할 수 없는 내용일 때도 많다.

얼마 전 아들들에게 남편이 예전에 여자 친구에게 차였던 이야기를 해주었더니, 부모에게 충직한 둘째아들이 "그 전 여자 친구는 이상한 냄새가 났을 거야"라고 말했다. 아들의 발언은 매우 귀여웠지만, 나는 "그 사람은 이상한 냄새도 나지 않았고, 좋은 사람이었어. 인간관계는 좋은 사람과 나쁜 사람으로 정해지는 게 아니란다. 정말 좋은 사람이라도 연인으로 맞지 않을 수 있고, 아무리 훌륭한 사람이라도 차일 수 있으니까 차였다고 해서 자신의 가치가 낮다고 생각할 필요는 없어"라고 말했다.

상대에게는 상대의 생각이 있으며, 상대가 자신에 대해 느끼는 감정은 자신이 어떤 사람인지와는 관계가 없을 수 있다고 생각할 수 있다면 이런 상황에서도 자존감을 지키고 앞으로 나아갈 수 있다고 아이들이 알기를 바랐다.

④ Catastrophizing: 비극화

Catastrophizing은 직역하면 사건을 비극화한다는 의미로, 어떤 나쁜 일이 발생했을 때 '이건 분명 큰 비극이 될 거야'라고 생각하게 되는 것이다.

예를 들어 상사가 "다음 주에 회의를 하자"라고 말했다고 해보자.

그러면 '상사가 일대일 회의를 제안하다니 내가 무슨 잘못을 했나 봐. 나는 결국 해고당하고, 집세를 낼 수 없어서 노숙자가 되면 어쩌지?'라고 점점 더 나쁜 방향으로 생각이 흘러가 비극적이 될 수 있다. 하지만 실제로 상사가 회의를 제안한 이유가 무엇인지는 알 수 없다. 잘못을 해서 상사가 화를 낼지도 알 수 없고, 잘못을 해도 해고까지는 아닐 수 있다. 설령 해고되더라도 다음 직장을 찾으면 노숙자가 되지 않는다.

하나의 불안이 눈덩이처럼 불어날 수 있는데, 이를 인식했을 때는 잠시 멈추고 지금 알고 있는 정보가 무엇인지 다시 살펴보자. 그리고 지금 알고 있는 정보 중에서 상황에 대응할 만한 것을 의식하면 의외로 밝은 상황이거나 스스로 통제할 수 있는 상황임을 알아차릴 수 있다.

⑤ Labeling: 라벨 붙이기

"시험에 떨어지다니 나는 바보인가 봐."

"게으름뱅이처럼 지각이나 하고……."

이렇게 사람이나 상황을 형용해서 라벨을 붙이면 그 라벨을 쉽게 떼어내기가 어려워진다. 시험에 떨어진 것은 시험을 준비하는 시간이 부족했을 수도 있고, 시험 내용이 마침 어려운 분야였을 수도 있다. 준비 부족은 물론 피해야 하지만, 그렇다고 바보라고 할 수는 없다. 또한 어려운 분야는 누구에게나 있으므로 그것이 바보라고 부를 만한 이유가 될 수는 없다. 그러나 한 번 자신을 바보라고 취급하면 그 인상이 머리에서 떠나지 않고, 어떤 상황에서도 '나는 바보야'라고 생각하기 쉽다. 마찬가지로 지각한 동료에게도 어떤 사정이 있으며, 게으름뱅이가 아닐 수도 있다.

자신이나 다른 사람에게 라벨을 붙이면 그 라벨 외의 특징이나 장점을 보지 못할 뿐 아니라 실제의 문제점조차도 명확히 보지 못한다. 그러면 성장하기 어렵고, 문제 해결을 위해 대책을 세우는 것도 힘들어진다.

라벨을 붙이고 있다고 느낀다면 바보나 게으름뱅이라는 용어 대신 무엇이 걱정되는지 구체적으로 적어보는 것이 좋다.

⑥ Discounting the Positive : 부정적인 사고(긍정적인 면이 보이지 않는다)

SNS에서 많은 긍정적인 평가를 받았어도 부정적인 댓글 하나에 신경이 쓰인다. 직장에서 좋은 성과를 냈어도 자신의 노력이나 능력 덕분이라고 생각하기보다는 단순히 운이 좋았다고 생각한다. 훌륭한 성과를 냈음에도 실수 하나가 계속 마음에 걸리기도 한다.

인생의 경험은 긍정적인 일과 부정적인 일이 섞여 있지만, 어쩐지 부정적인 부분에만 시선이 가는 경우가 있다. 이것이 바로 Discounting the Positive라는 인지 왜곡이다.

만약 부정적인 부분에만 집중하고 있음을 깨달았다면 비슷한 정도, 혹은 그 이상으로 긍정적인 면이 있다고 생각하고, 의식적으로 찾아보면 의외로 긍정적인 요소를 발견할 수 있다.

⑦ Overgeneralization : 과잉 일반화

한 남자에게 배신당한 사람이 '남자는 바람을 피운다'라고 모든 남성에게 그 특징을 적용하는 경우가 있다. 이처럼 하나 혹은 몇 가지 사상이 전체에 통용되는 법칙이라고 과도하게 일반화하는 일도 전형적인 인지 왜곡이다.

특히 트라우마 경험과 관련된 인지는 일반화하기 쉬운데, 가령 교통사고를 경험한 후에는 모든 자동차나 비슷한 도로가 위험하게 느껴진다. 성폭력 피해를 당한 후에는 가해자와 비슷한 사람이나(예를 들어 비슷한 연령대의 남성 같은) 같은 속성을 가진 사람에게 혐오를 느끼기도 한다. 같은 트라우마를 다시 경험하지 않으려는 뇌의 방어 기제로 인해 일어나는 반응이다. 그러나 조금씩 과잉 일반화가 적용되지 않는 예외를 찾고, '비슷한 모든 것이 무섭지 않을 수 있다', '바람을 피우지 않는 남성도 있을 수 있다'라는 가능성을 느끼게 되면 인지 왜곡은 서서히 수정될 수 있다.

⑧ Personalization : 개인 공격이라고 잘못 해석한다

흔하게 보이는 SNS의 댓글이 자신에게 하는 말처럼 느껴지거나, 일반적인 상황에 대한 다른 사람의 발언이 자신을 공격한다고 받아들이는 경우가 있다. 우리는 무심코 모든 일이 자신과 이어져 있고, 조금이라도 마음에 걸리는 데가 있으면 자신의 일이라고 생각하는 경향이 있다. 그러나 실제로는 자신과 관련 없는 일이 많음을 기억할 필요가 있다.

자기 자신을 공격하고 있다고 느낄 때, 혹은 공격에 보복을 하고 싶을 때는 먼저 잠시 숨을 고르자. 그리고 '그 말이 나를 향한 공격이 아니라고 해도 나는 같은 응답을 할 것인가?'라고 냉정하게 생각한 뒤에 반응하도록 하자.

이런 인지 왜곡은 누구라도 경험할 수 있으며, '반드시'라고

해도 될 정도로 감정을 강하게 동요시킨다. 감정은 순간적으로 떠오르기 마련이므로 감정만이 아니라 그 아래에 있는 인지의 분석과 개선을 시도해보는 것이 재평가의 기본이기도 하다.

✦ ✦ ✦

다른 시점이 보이면
진정한 생각과 감정이 명확해진다

　그렇다면 구체적으로 어떻게 재평가를 해야 할까? 올바른 방법이 있는 것은 아니지만, 내가 육아의 예시에서도 소개했듯이 자기 내면의 부정적인 감정을 깨달았다면 한 번 멈춰서 감정, 생각, 행동의 3가지로 나누어 다시 살펴보는 것을 기본 과정으로 하고 있다.

　지금 느끼는 바를 의식적으로 다시 살펴본다. 그리고 감정 뒤에 숨겨진 사고방식을 '이것은 정말로 올바른 것인가?'라고 멈춰서 파악해본다. 이런 습관을 들이기만 해도 그 후의 기분과 행동이 바뀐다.

실제로 내가 재평가를 실천한 일상의 한 장면을 소개하겠다.

상황 ①

집에서 남편과 액션영화를 보고 있을 때의 일이다. 나는 영화에 나오는 난투 장면이 너무 지루해서 짜증이 났다.

"이렇게 많은 사람이 도대체 왜 싸우는 거야? 영화가 아니라 현실 세계에서 이렇게 많은 사람이 싸우고 물건이 다 부서지면 큰일이잖아!"

이렇게 비판을 반복하는 나에게 남편이 웃으면서 말했다.

"엑스트라로 나오는 배우들이 일을 얻기 위해 계속 오디션을 보느라 힘들다고 들었어. 이렇게 많은 엑스트라가 고용되었다는 건 배우들을 위해서 좋은 장면이잖아."

이 말을 들은 순간 나는 이전과 다른 시점에서 같은 영화의 난투 장면을 볼 수 있었다. 그러자 눈앞의 난투 장면이 재밌든 지루하든 내 인생에는 영향이 없고, 이에 대해 감정적이 될 필요도 없다고 느꼈다.

나중에 내가 왜 그렇게 비판적이었는지 생각해보니 일 때문에 피곤해서 여유가 없었다는 것을 알아차렸다. 남편의 태연한 말 덕분에 다른 사고방식이 있다는 것을 깨달음과 동시에 짜증의 수준이 확 내려갔음을 느꼈다.

이때 내 몸에 일어난 감정, 생각, 행동은 이런 식으로 분류할 수 있다.

사건: 영화의 난투 장면이 지루했다.
감정: 짜증이 났다.
생각: 난투 장면이 지루하고, 영화의 세계가 아니라 현실에서 이런 많은 사람의 난투가 벌어지면 큰일이다.
행동: 그래서 비판하는 말만 입에 올렸다.

이 하나하나를 살펴보면 다음과 같다.

생각: 실제로 있었다면 큰일인, 그리고 지루한 장면일지도 모르지만, 남편이 말했듯이 이 장면이 있어서 항상 역할을 찾아 오디션을 보는 많은 배우가 고용되었다고 생각하면 적어도 고용된 사람들에게 기쁨을 주었고, 그들의 생활을 가능하게 한 장면일 수 있다. 무엇보다 난투 장면이 재밌든 지루하든 내 인생에는 큰 영향이 없다.
감정: 그렇게 생각하니 영화에서 느낀 짜증은 조금씩 진정되었고 내가 무엇에 화를 냈는지 감정과 생각을 깊게 파악하게 되었다. 실제로는 일의 피로 탓에 사소한 일에 반응해서 짜증이 났음을 깨달았다.

상황 ②

2022년 여름의 일이다. 내가 살고 있는 보스턴에서는 비가 전혀 내리지 않는 맑게 갠 날이 쭉 이어졌다. 모기가 없어서 쾌적하다고 생각했지만, 9월에 접어들자 아이들이 새로운 학교에 전학해서 처음 등교하는 날에 날씨가 안 좋아졌다. 하늘은 컴컴했고, 세차게 내리는 비는 그칠 줄을 몰랐다.

"왜 하필 오늘? 학교의 어느 입구를 이용해야 할지도 모르는 등교 첫날에 비가 내리다니 다 젖은 채로 헤매야 할지도 모르겠네. 쉬는 시간에 운동장에서 놀 수도 없고"라고 우울해졌다. 하지만 잘 생각해보면 이어지는 가뭄에 운동장의 잔디는 갈색이 되고 있었는데, 비가 내리면 생기 있는 녹색으로 다시 살아날지도 모른다. 바로 '이건 은혜로운 비다'라고 생각을 고쳤다.

비에 대한 생각이 바뀌자 짜증 나는 마음도 가라앉았고, 실제로 나를 감정적으로 만든 것은 비가 아니라 아이들이 처음 새 학교에 가는 일에 관한 걱정이었음을 깨달았다.

짜증의 뒤에 숨겨진 감정이 실은 불안이었음을 알게 되자 '걱정하지 않을 수가 없잖아. 부모인데'라고 받아들일 수 있었고, 약간의 불안이 이어지면서도 덕분에 밝은 기분으로 아이들을 배웅할 수 있었다.

이것도 상황 ①과 같은 감정, 생각, 행동으로 분류하면 다음과 같다.

사건: 처음 등교하는 날에 비가 세차게 내렸다.

감정: 우울, 풀이 죽음, 화가 남.

생각: 아이들의 첫 등교 날에 비가 와서 축축한 상태로 입구를 찾거나 교정에서 놀지 못하는 불편이 있다. 나는 아이들의 첫 등교는 원활하게 진행되기를 바랐고, 아이들이 새로운 학교에서 좋은 첫날을 맞이하기를 원해서 날씨가 맑았으면 했다.

행동: 비에 대해 중얼중얼 불만을 말함.

여기에서 요소를 하나씩 재평가하면 다음과 같다.

생각: '등교 첫날에 비가 내린 것은 안타깝지만, 이 세찬 비 덕분에 여름내 메말랐던 운동장의 잔디밭이 생기를 되찾을지도 모른다'라고 생각을 고쳤다.

감정: 비의 좋은 점을 깨닫자 우울한 기분이 자연스럽게 나아졌다.

더 진행해보면 다음과 같다.

생각: 비에 대한 짜증이 진정된 시점에서 조금 더 자신의 생각을 살펴보니 사실 내가 짜증이 난 것은 아이들이 새로운 학교에 가는 첫날, 친구가 생길지, 즐거운 시간을 보낼 수 있을지, 좋은 하루를 보내고 돌아올지 걱정한 탓이었음을 알았다.

감정: 사실 짜증에 숨겨진 내 진짜 감정은 불안이었다. 불안을 알게 되자 '아이들이 새로운 학교에 처음 가는 날에 부모가 걱정하지 않을 수 없어'라고 감정을 받아들일 수 있었다. 물론 '괜찮을까?'라는 마음은 변함없었지만, 마음이 조금 누그러졌다.

행동: 그 결과 빗속에서도 아이들을 좋은 말로 배웅하고, 웃으면서 데리러 갈 수 있었다

아주 사소하지만, 재평가를 받아들여 내 감정이 긍정적으로 변화한 예시다.

감정은 무리하게 바꿀 수 없으며 자연스럽게 솟아오르는 기분을 무리하게 억누르지 않는 편이 낫다. 하지만 생각을 다시 하고, 시점을 바꾸거나 시점을 늘릴 수 있다. 그 결과 이런 예시처럼 부정적인 감정에서 긍정적으로 바뀌기도 한다.

✦ ✦ ✦

글로 적어
정리한다

여기까지 읽고 재평가가 생각보다 의외로 간단하다고 생각했을 수도 있다.

본래 우리가 일상에서 무의식중에 하는 일이기도 하고, 별로 특별할 것이 없다. 그렇기에 의식적으로 재평가의 기회를 늘려보는 것에 의의가 있다.

익숙하지 않을 때는 슬픈 기분이나 분노의 감정이 솟아나자마자 하지는 못해도, 조금 시간이 지나 진정된 단계에서 다시금 그때의 감정, 생각, 행동을 돌이켜보는 것에서 시작해도 좋다. 마음이 잠잠해진 시점에서 상황을 되짚어보는 것이다.

노트에 글로 적는 방법도 있다.

내 경우 매우 짜증이 날 때, 그 감정 그대로 받는 사람이 없는 메일을 적어보거나 어째서 불쾌한 기분이 들었는지 자세히 메모한다. 스마트폰의 메모 앱에 그저 적어보기도 한다. 만약 쓰는 것보다 말하는 편이 낫다면 자신의 목소리를 녹음해도 되고, 누군가와 이야기하는 것도 좋다.

머릿속을 휘젓고 다니는 생각을 일단 뇌의 밖으로 내보내면 감정에서 멀어져서 냉정하게 살필 수 있고, 쓰는 동안에 자신에게 무엇이 중요한지 정리되기도 한다. '그냥 쓰기만 하면 되는 건가?'라고 생각할 수도 있지만, 일단 머리 밖으로 내보낸다는 것이 중요하다.

예를 들어 트라우마로 남게 되는, 공포의 감정이 솟아나게 하는 사건이 있다고 해보자. 다시는 경험하고 싶지 않은, 안전을 위협당하는 상황이기에 뇌의 위기관리 덕분에 절대 잊으면 안 되는 일로 심층 심리에 남게 된다. 그래서 비슷한 일이 일어날 것 같으면 뇌가 반응해서 바로 투쟁 도피 행동이 나오도록 안 좋은 감정을 몇 번이나 불러일으킨다. 뇌는 이렇게 잊지 않기를 바라는 일은 몇 번이나 이상한 형태로 떠올리게 하는 구조로 되어 있다.

글로 적으면 '일단 잊어도 된다. 필요할 때 다시 읽으면 된다'

라고 생각할 수 있다. 적어두면 필요할 때 써놓은 것을 수정하면 되므로 '항상 리마인드하지 않아도 괜찮다'라는 메시지가 뇌에 보내지므로(적는 도중에는 슬픈 생각을 하는 경우도 많지만) 그 후에는 트라우마 체험이 일상생활에 미치는 영향이 적어지며, 마음이 편안해질 수 있다.

글로 적으면 생각이 명료해지고, 숨겨진 감정이 겉으로 드러나기도 한다. 이렇게 연습을 하고, 요령을 파악하면 감정이 솟아난 그 자리에서 재평가를 받아들일 수 있어 점차 부정적인 기분에 지배당하지 않게 된다.

✦ ✦ ✦

멈추는 일의
중요함

인간의 뇌는 순간적으로 좋은지 싫은지, 안전한지 위험한지를 판단해서 감정을 불러일으키도록 되어 있는데, 그렇다고 모든 감정에 반응해서 행동해야 하는 것은 아니다. '이 감정에 따라야 할까? 행동해야 할까?'라고 잠시 멈추는 일이 재평가의 첫걸음이다.

나는 불안장애나 우울한 기분으로 고민하는 환자에게 "파도 타기를 의식하세요"라는 말을 자주 한다. 불안이나 분노라는 부정적인 감정은 한번 높아져도 그 후 점점 작아져서 바위에 닿는 파도 같은 것이다. 파도는 완전히 없어지지 않지만, 피크(가장 높은 위치)는 그리 길게 이어지지 않는다. 그래서 일단 한

호흡 쉬고, 파도가 바위에 닿았다고 생각하면 자신의 감정에 대해 다시 살펴보자.

우리는 큰 불안과 슬픔, 분노의 파도를 타고 있을 때 싫은 감정을 없애기 위해 행동해야 한다고 생각한다. 분노를 분출하려고 호통을 치거나 불안한 사건의 해결책을 찾으려고 인터넷에서 여러 가지 정보를 얻는 식으로 초조하게 행동하는 것은 그 때문이다. 그러나 뇌에서 감정을 담당하는 편도체가 활성화되고 있을 때는 생각하기 위한 전두엽전영역 등의 대뇌피질의 작용이 억제되므로 감정이 높아질 때는 판단력이나 사고력이 둔해진다.

따라서 감정의 파도가 높은 위치에 있을 때 애써 그 감정을 느끼지 않으려고 하는 행동도 장기적으로 별로 도움이 되지 않는다.

예를 들어 불안을 해소하기 위해 모은 정보가 전부 잘못된 정보였는데, 그때는 사고력이 둔해져서 깨닫지 못할 수 있다. 혹은 분노에 휩싸여 누군가에게 호통을 치고 후회하는 경우도 있다.

그래서 먼저 한 호흡 쉬어야 한다. 그리고 높은 감정의 파도를 타고 있을 때는 감정을 앞세워 판단하지 말고, 그 파도가 조금 진정되어 바위에 도달하는 것을 기다린다. 그 사이에 바깥 공기를 쐬거나 좋아하는 음악을 듣거나 그림을 그리거나 운동을 하는 식으로 의도적으로 기분 전환을 해보자.

소셜미디어SNS가 보급된 현대에는 너무나 빠른 속도로 대화가 진행되므로 한 호흡 쉬는 일이 어렵게 느껴질 수 있으나 오히려 그런 시대이므로 일단 멈추는 일이 더 소중하다.

인터넷 미디어는 보고 싶지 않은 것도 보여주고, 가끔 타인이 분쟁하는 모습이나 안 좋은 뉴스를 목격해 휘둘리는 일도 종종 있다. 저도 모르는 부분에 마음이 얽매여 상처받는 일도 있다.

감정을 자극하는 SNS를 이용하면서 본인 역시 감정적으로 댓글을 쓰는 것은 안 좋은 판단으로, 장기적으로 자신의 행복과 연결되지 않는 경우가 많다. 또한 자신의 게시물에 달린 모든 댓글이나 질문에 답을 할 필요도 없다. 빠른 페이스로 말려들고 있다고 느낀다면 멈추고 그 자리를 떠나도 좋다.

✦ ✦ ✦

멋없는 감정과 생각도
받아들인다

　인기 있는 친구의 인스타그램을 보고 왠지 모르게 짜증이 났다고 하자. 그럴 때는 그 짜증을 먼저 받아들이고, 그 뒤에 어떤 생각이 있는지 살핀다. 그러면 부러움이나 질투심이 있다는 것을 깨달을 수 있다.

　질투는 스스로 인정하고 싶지 않은 마음이다. 그러나 아무리 멋이 없는 감정이라도 자연스러운 느낌이다. 질투를 느끼지 않는 사람은 이 세상에 한 사람도 없다. 그러므로 그런 멋없는 감정을 느끼는 자신에게 조금 너그러울 필요도 있다.

　혹은 내심 '타인의 승인 욕구가 채워지는 것을 보면 기분이 안 좋아진다'라는, 뭐라 할 수 없는 느낌이 있을지도 모른다. 아무리 부정적인 생각이라고 해도 받아들여야 한다. '내가 이렇게 느끼고 있구나'라고 자신의 마음을 언어화하기만 해도 감정이 꽤 진정된다. 이렇게 감정이 조금 진정되면 현실을 분석해보는 마음의 여유도 생긴다.

다른 사람을 질투하는 일은 에너지를 몹시 소비하는 일이지만, 그런 자신의 생각을 부정하는 것도 사실 상당한 에너지를 요하는 일이다. 그래서 자신의 질투 감정을 인식하고, 받아들인 다음, 그 상황에 대해 생각해야 한다. 그러면 '인기의 차이로 내 인생이 바뀌는 일은 없다'라는 현실이 눈에 보이며, '나는 내 인생을 살자'라는 마음으로 전환되어 본인을 위해 에너지를 소비할 수 있다.

여기에서 중요한 단계가 아무리 느끼고 싶지 않은 감정이나, 인정하고 싶지 않은 생각이라도 자신이 느끼는 것은 받아들인다는 점이다.

그것을 건너뛰고 "'좋아요'를 받은 숫자로 인생은 바뀌지 않아"라고 논리적으로 말해도 감정은 논리에 쉽게 따라주지 않는다. 무리해서 논리로 억누른 감정은 오히려 이상한 힘을 얻어, 더 좋지 않은 방향으로 강력해지기도 한다. 그러나 느끼는 바를 '나는 이렇게 느끼고 있다'라고 받아들이고, 납득한 다음에 재평가하는 것은 매우 효과적이다. 인간의 마음은 이렇게 흥미롭다.

3장

회복력을
단련하려면

✦ ✦ ✦

갈등 속의 재평가
─ 잘못된 정보와 싸우면서

앞 장에서 재평가의 방법과 사례를 몇 가지 소개했다.

재평가는 특정 상황에서 솟아오른 감정을 받아들이고 자신이 파악한 방식을 다시 평가한 뒤 새로운 사고방식을 받아들이는 일이다. 그러나 공식대로 적용해도 처음에는 제대로 하기가 어렵고, 상황이 안 좋을수록 재평가의 장벽도 높아진다.

그래서 이번 장에서는 장벽을 뛰어넘어 회복력Resilience을 단련하기 위해 재평가를 할 때의 힌트를 소개하고자 한다.

'나는 남과 다른 사람이다'라는 시점을 갖는 것은 재평가를 하는 데에 매우 중요하다. 재평가에 있어 지금 느끼는 자신의 감정이 '정말로 느낄 필요가 있는 감정인가?'라고 생각할 수 있게 해주는 첫걸음은 다른 시점의 존재 가능성을 깨닫는 데서 출발하기 때문이다.

그러나 유감스럽게도 코로나 팬데믹에서 사람들의 갈등과 대립은 큰 사회문제가 되었다. 백신 접종 문제, 마스크 사용 문제 등 신종 코로나 바이러스 대책에 대한 가치관의 차이에서 그때까지 친밀했던 가족이나 친구와 마음이 어긋나 관계가 악화한 사람, 인터넷에서 반대파를 보자마자 공격하는 사람, SNS에서 서로 비난하는 사람 등이 나타났다.

미국에서는 아시아인이라는 사실만으로 신종 코로나 바이러스가 발생한 근원지라는 편견을 가지고 습격하는 사건이 다발했다. 이렇게 부정적인 감정은 때로 타인에게 집요한 공격으로 바뀌기도 한다.

갈등이 일어나면 잘못된 정보나 허위 정보에 힘이 실린다. 코로나 팬데믹 때도 예에서 벗어나지 않아서, 인터넷에서 확산되는 잘못된 정보가 끊이지 않았다. 지구상에 중력이 존재하느냐의 문제에는 '존재한다'는 답밖에 없듯이 과학은 사실인지 아닌지가 확실하다.

토론에서 옳고 그름이 정해진 것도 아니고, 양극단으로 갈라지는 의견의 중간점이 사실인 것도 아니다.

그럼에도 잘못된 정보나 허위 정보가 코로나 사태에서 커다란 충격을 가져왔기 때문에 인포데믹Infodemic(인터넷 등의 소문이나 유언비어도 포함해서 대량의 정보가 범람해 사회에 영향을 미치는 일)이라는 말이 건강에 관련된 요인으로 WHO(세계보건기구)에서도 거론되었을 정도다.

비과학적으로 잘못된 정보가 이렇게나 확산된 배경에는 많은 사람이 불안을 느껴 정보를 모아야 한다는 초조감 때문에 판단력이 둔화되었다는 현상이 있다.

평소에는 정상적으로 판단하는 사람조차도 마음이 크게 동요되어 갑자기 공격적이 되거나 반대로 타인을 거부하고 우울해지기도 했다. 아이부터 어른까지 이 기간에 정신적으로 불안정한 사람이 매우 많았다.

다른 사람과 의견 및 가치관이 다를 때 실망하거나 어쩐지 괘씸한 생각이 들거나 상대를 경계한 경험은 누구나 있을 것이다. 하지만 코로나 사태에서 인포데믹은 사람들이 가지고 있던 부정적인 감정을 더욱 증폭시켰다.

이런 갈등 속에서 짜증이 나는 감정을 재평가하는 일은 극히 어려운 일이지만, 나에게는 도움이 되는 사고방식이 몇 가지 있었다. 바로 감정이입, 승화, 이타심, 유머였다.

✦ ✦ ✦

마음을 지키는 감정이입,
승화, 이타심, 유머

내가 미디어에 출연하게 된 것은 신기하게도 이 코로나 팬데믹이 계기였다.

2021년 1월 초, 임신 중에 신종 코로나 바이러스 백신을 접종하고, 다음 달에 셋째아들이 태어났다.

임산부의 코로나 백신 접종은 현재 권장되지만, 당시에는 아직 임신 중 접종에 대한 임상시험이 없었다. 나는 그때 있었던 기초의학 연구와 동물실험 등의 과학적 정보를 검토해서 백신 접종이 임신에 영향을 줄 위험성이 매우 낮다고 판단했다.

반면에 접종을 하지 않을 경우에는 임산부의 코로나 바이러스 중증화 위험과 사망 위험이 같은 세대 여성보다 증가하며,

중증화된다면 임산부와 태아 모두에게 나쁜 영향을 미칠 수 있다는 점을 고려했다.

접종하지 않아서 생기는 위험이 접종해서 생기는 위험보다 압도적으로 높다고 판단했기 때문에 나와 아이, 가족을 보호하기 위해 접종을 결정했다. 백신 접종에 대한 이런 내 생각이 소속 병원의 SNS를 통해 알려진 것이 계기가 되어 이후 여러 매체에서 인터뷰를 하게 되었다.

이와 동시에 백신에 대한 비과학적인 인식이 퍼지면서 엄청난 악성댓글이 쇄도했다. SNS에서는 '최악의 엄마', '아동학대'라는 비판과 모욕을 받았고, 익명으로 비난하는 DM이 도착하기도 했다. 심지어 허위로 만든 '사산 보고서'를 보낸 사람도 있었는데, 그곳에는 "태아의 사인은 엄마의 백신 접종"이라고 적혀 있었다. 백신과는 전혀 관계없는 내 외모를 모욕하거나 성적인 댓글을 달기도 했고, 내 경력이나 지위를 의심하는 내용도 있었다. 내가 중심 멤버로 활동했던 비영리 프로젝트 '코비나비' 본부로 커터 칼의 칼날이 배송되기도 했다.

어떤 공격을 받더라도 과학적 사실은 변하지 않는다. 또 내가 과학자, 그리고 의사로서 한 발언도 변하지 않지만, 한 사람으로서 매우 슬프고 불쾌한 기분이 들었다. 현실사회에서 출산을 앞둔 여성에게 면전에 대고 커다란 스트레스가 되는 말을 던지는 사람은 별로 없을 것이다. 얼굴이 보이지 않는 인터넷에서는 이런 잔혹한 일도 일어날 수 있음을 알게 되었다.

이 상황 속에서 느낀 분노와 슬픔은 없어지지 않았지만, 그런 감정을 내가 어떻게 재평가할 수 있었을까? 이 과정을 도와준 개념이 몇 가지 있다.

첫 빈째는 감정이입

감정이입Empathy이란 "상대는 어떤 마음일까?"라고, 상대의 시선과 경험, 인생관을 바탕으로 의식적으로 상상해보는 일이다.

아무리 반대편에 있다고 생각하는 사람이라도 그 사람이 진심으로 바라는 것이나 근원적인 경험에는 공감할 만한 일도 있을 것이다. 그렇게 생각하니 백신이나 신종 코로나 바이러스에 대해 과학적 사실을 전달하려고 노력하는 나도, 막연한 불안을 안고 백신을 기피하는 사람도 이 전대미문의 팬데믹이라는 상황에서 자신과 소중한 사람의 안전과 건강을 지키고 싶은 마음은 하나라는 것을 깨달을 수 있었다.

예방이라고는 하나 그 이익이 눈에 보이지 않는 데다가 바이러스와 싸워야 한다는 불안감, 과거 약품 피해에 대한 사회의 트라우마 같은 것이 기피로 이어진다고 생각하니 감정이입이 되었다. 마침 생물학과 의학 지식이 있었기 때문에 의사인 나는 백신을 이해하는 데에 어렵지 않았지만, 만약 기계공학이나 건축 분야에서 자신의 안전을 지키기 위해 판단해야 했다면 같은 의문과 불안을 품고 대응했을 것이다.

그렇게 생각하면 기피하는 마음이 있는 사람들에게 공격을 돌려주고 싶다는 마음은 들지 않았다.

두 번째는 승화

승화Sublimation는 부정적인 감정을 사회나 자신의 성장을 위해 사용하는(승화시키는) 것을 의미한다.

세상의 부조리, 불평등, 환경 문제 등 사회적 과제를 인식하고 분노가 생긴다면, 그 감정을 원동력 삼아 정보를 알리거나 동료들과 함께 그 문제에 대해 공부해보는 일이다. 내가 적극적으로 백신 계몽활동을 했던 것도 바로 승화의 과정이었다.

내가 임신한 상태에서 받은 악성댓글은, 전 세계에서 '엄마'에게 보내는 시선의 상징이라고 생각했다. 엄마는 자신과 가족을 위해 책임 있는 판단을 내려야 하는 상황에 자주 놓이지만, 그런 판단을 내리기 위한 정보는 쉽게 얻기가 어렵다. 판단을 위한 지원도 접하기 어렵다. 그런 상황을 살아가는 임산부나 엄마들에게 세 아이의 엄마인 내가 의사로서 지닌 지식과 경험을 공유하는 것이 마음의 지원이 될 것으로 믿었다. 그래서 내가 할 수 있는 정보를 알리는 활동을 계속하기로 했다.

세 번째는 이타심

이타심Altruism은 스트레스나 우울함을 느낄 때 '누군가에게 도움이 되고 있다'라고 실감할 수 있으면 부정적인 감정이 완화되는 사고방식이다.

작은 친절처럼 사소한 일만으로도 충분하다. 길가에 떨어진 쓰레기를 주워 쓰레기통에 넣거나, 길을 잃은 사람에게 방향을 알려주거나, 할머니의 무거운 짐을 들어주는 식의 작은 도움과 친절이 자신의 마음을 풍요롭고 평온하게 해준다.

나도 누군가가 내 말에서 힘을 얻기를 바라는 마음으로 계몽 활동을 지속했다. 또 누군가가 친절을 베풀었을 때는 감사의 말을 전하는 것도 잊지 않으려고 한다.

네 번째는 유머

나는 미국의 심야 코미디 방송을 좋아하는데, 정치나 사회 문제를 소재로 웃음을 자아내는 지성에 자주 감동한다. 떠올리기조차 싫은 문제를 사회 속 개개인이 생각하게 해주는 데에 그런 웃음이 계기가 되기도 한다.

신종 코로나 백신의 계몽활동을 하던 중, 어떤 일 때문에 분노를 느낀 적이 있다. 그런데 함께 활동하던 디자이너 여성이 유머를 섞어 그 일의 문제점을 지적해주었고, 나는 웃음을 터

뜨렸다. 부정적인 분위기 속에서 항상 조금이라도 웃을 수 있는 시간을 만들어주는 그녀는 누군가를 상처 입히지도 않고 문제를 숨기지도 않으면서 그 상황의 분위기를 얼리지 않기 위해 유머를 섞어 표현한다. 덕분에 '이건 화내도 되는 일이다'라는 것을 깨닫게 해준다. 나는 그런 그녀의 태도에 항상 감탄하면서 나도 그런 날카로운 유머감각을 가질 수 있도록 참고하고 있다.

이런 식으로 처음에 한 생각은 부정적인 것이었다고 해도 자신의 내면에 깃든 다른 사람에 대한 너그러움과 유머, 그리고 전진하고자 하는 에너지를 발견한다면 설령 역경에 빠져도 자기 나름의 해결법과 실마리를 찾을 수 있다.

✦ ✦ ✦

스스로는 통제할 수 없는
상황에서

책임감이 강한 사람은 일이 제대로 되지 않을 때 '나한테 부족한 부분이 있어서 실패한 거야'라고 자책하곤 한다. 하지만 세상에는 자신의 노력으로 통제할 수 있는 일만 있는 것은 아니다. 물론 자신이 책임져야 할 부분을 제대로 찾아내어 수정할 수 있는 일은 바로잡아야 한다. 다른 한편 모든 것이 자신의 결점에서 비롯되었다고 생각하지 말고, 사회나 타인, 직장 환경 등에 요인이 있을 가능성도 고려해야 한다.

내 경험을 통해 이야기해보겠다.

예일대학병원의 인턴으로 있을 때 심술궂은 지도의를 만나 괴롭힘으로 고통받은 적이 있다.

　내가 미팅에 나타나도 눈도 마주치지 않고 인사도 하지 않았다. 내가 대답할 수 없을 만한 질문을 모든 사람 앞에서 하고는 대답하지 못하면 나무랐다. 나에 대한 불만을 병동 직원에게 퍼뜨렸다. 나는 모르는 자기들끼리만 아는 농담을 신나게 떠들기도 했다.

　그 지도의는 나를 매우 낮게 평가했고, 병동 내에서는 절대적인 힘을 가진 사람이었기 때문에 매도되는 나날이 상당히 힘겨웠다.

　당시 20대 초반이던 나는 일본에서 의학교육을 받았기 때문에 영어 약자나 다르게 표현하는 의학용어를 모르는 것이 많았다. 게다가 교과서와 필기시험을 중시한 의학교육을 받은 나와 실천형 교육을 받은 미국인 동기들과의 실력 차이도 있었다. 그리고 나에게는 익숙하지 않은 미국 문화 속에서 어떤 타이밍에 어떻게 자신을 어필해야 좋을지 지식도 없고 경험도 없었다.

　모르는 것을 선배 의사에게 질문하는 일조차 어렵게 느껴졌다. 그 지도의는 그런 나의, 젊은 외국인 인턴 특유의 약점을 의도적으로 들추어냈다.

　그 후 다수의 심사 결과 최종적으로 나는 인턴으로 예일대학에서도 높은 평가를 받았다. 그래서 우등생으로 하버드대학의 소아정신과 인턴으로 다음 단계를 밟을 수 있었다. 그러나 괴롭힘을 당했을 때는 대학 내에서 나를 아는 사람도 별로 없었고, 또 이 지도의의 발언이 영향을 주어 고된 로테이션에 배당되어 연수 프로그램에서 자신의 능력을 증명하라는 압박을 받은 석도 있다.

내 탓으로 이렇게 된 것이 아니다. 그리고 권력 관계에서 강자의 위치에 있는 지도의에게 매도당하는 환경에서 내 능력을 증명하는 난제는 전혀 내 통제가 듣지 않는 상황이었다. 스스로 상황을 통제할 수 없다는 느낌은 힘을 빼앗긴 듯한 매우 슬픈 감정을 주었다.

그러나 이런 상황에서도 나에게 재평가하는 힘을 준 것이 있다.

첫째는 통제할 수 없는 상황에서도 통제할 수 있는 일을 찾는다.

둘째는 지지해주는 사람.

셋째는 내가 잘하는 일이 무엇인지 생각하는 일이었다.

나는 이런 상황에서도 내가 바꿀 수 있는 부분이나 내 책임이 어디에 있는지, 어쩔 수 없는 부분이 무엇인지 생각했다.

지도의가 개인적으로 나를 좋아하지 않았던 것 이외에도 배경이 있다. 당시 나는 미국 의사자격 취득이라는 어려운 공부를 통해 예일대학병원의 인턴이 된 것 자체가 하나의 큰 목표를 달성한 것이라고 생각했다. 또한 그곳에 도달하기까지가 너무나 힘들었기 때문에 인턴 생활을 시작할 무렵에는 몹시 지쳐 있었다.

반면에 미국에서 의학 교육을 받은 미국인 동기 인턴들은 이미 실전에 강한 능력을 갈고닦아왔을 뿐 아니라 질문을 많이 하거나 의견을 말하는 것이 바람직한 교육 환경에서 성장해왔기 때문에 커뮤니케이션 능력이 뛰어났다.

이런 배경 덕분에 실전 능력과 커뮤니케이션 측면에서 다른 미국인 인턴들과 나 사이에는 뚜렷한 차이가 있었다.

그렇다면 여기에 쓴 내용은 내가 바꿀 수 있는 일일까? 아니면 어쩔 수 없는 일일까? 나는 두 가지 모두 답이라고 생각한다.

일본의 의학 교육에서는 실전 지식을 쌓을 기회가 적었고, 병원 내의 상하 관계 같은 인간관계의 미묘한 뉘앙스가 미국과 달랐기 때문에 인턴으로서 지도의에게 어필하거나 질문하는 것이 어려웠다. 이런 배경은 일본에서 자란 내가 어떻게 할 수 없는 일이었다. 내 통제를 벗어나는 어쩔 수 없는 일이었다. 또한 어떤 개인이 나를 좋아하지 않는 것도 어쩔 수가 없다.

하지만 환자가 있는 의료 세계에서 환자를 돌보는 데에 영향을 미치는 일이 있다면 "어쩔 수 없다"라고 할 수 없다. 내가 성장해야 하는 것은 분명했다.

이런 사실을 받아들이고 나니, 오히려 지금 내가 있는 상황을 바꾸기 위해 할 수 있는 일도 있다는 것이 명확히 보이기 시작했다.

실전 능력이라는 측면에서 갑자기 문화적 차이를 극복하고, 어필을 잘하는 만능 의사로 거듭나기는 어려운 일이지만, 좋은 임상 판단을 할 수 있도록, 수업에서 의미 있는 발언을 할 수 있도록 지식을 늘려갈 수는 있다. 환자와 병동 직원과의 커뮤니케이션도 할 수 있다. 또한 단순히 시간을 지키고 주어진 과제를 수행할 수도 있다. 그렇게 생각을 고쳤다.

그 후, 계속되는 역경 속에서 나는 능력을 증명하기 위해 매일 100퍼센트 이상의 노력을 기울였다. 긴장을 늦출 수 없는 매일매일이 정말이지 힘들었다.

의학 교육이라는 측면에서 미국인 인턴들을 따라잡기 위해 이 시기에 했던 공부량은 미국 의사 국가고시를 준비할 때와 비슷했을 것이다. 그 지식을 활용해 환자를 위한 판단을 하고, 다른 직원들에게 부탁받은 일도 전부 실수 없이 처리하는 것은 쉬운 일이 아니었다.

이렇게 꾸준한 노력은 점차 주변 사람들에게 인식되었고, 자연스럽게 주변의 신뢰를 얻어갈 수 있었다. 그리고 무엇보다 이 노력을 통해 나는 의사로서 크게 성장할 수 있었다.

이런 상황에서 '모든 게 내 잘못이야'라고 생각하면 자기 긍정감이 무너질 수 있다. 또한 외부의 힘에 영향을 받아서 자신이 할 수 있는 일이 전혀 없다고 여긴다면, 자신의 능력을 빼앗긴 듯한 무력한 상태가 될 수도 있다.

길고 긴 인생을 살면서 누군가의 평가를 받고 '나는 형편없는 사람이다'라고 생각할 수도 있다. 하지만 당시의 나는 '모든 것이 내 잘못이 아니다', '내가 통제할 수 없는 어쩔 수 없는 상황도 있다'라는 시각을 갖고 있었기 때문에 지나치게 자책하거나 자신을 부정하는 일을 피할 수 있었다.

그다음 '어쩔 수 없는 상황 속에서 내가 바꿀 수 있는 부분, 내가 조절할 수 있는 요소는 무엇일까?'를 찾으면서 힘과 희망을 완전히 잃지 않았다.

시야를 조금 넓이고 어쩔 수 없는 일을 받아들인 다음, 자신이 손을 쓸 수 있는 부분이 어디인지, 자신이 바꿀 수 있는 부분이 무엇인지 생각하는 데에 앞으로 나아갈 힌트가 있다.

✦ ✦ ✦

지지해주는
고마운 사람들

예일대학의 인턴 시절 매우 고마웠던 것은 친구와 당시 사귀기 시작한 상대(현재의 남편)의 존재였다. 그저 이야기를 들어준 사람, 공부 모임을 하자고 권유해준 인턴 동료, 미국 문화의 직장에서 전문적으로 보이기 위해 무엇을 해야 하는지 구체적으로 가르쳐준 사람도 있었다.

특히 "인턴 로테이션은 경험을 쌓는 데에 도움이 되기도 하지만 당신이 얼마나 우수한 인턴인지 보여주는 자리이기도 하다. 어떤 상황에서든 항상 평가되는 입장이라고 생각하자"라고 당시 예일대학 의학생이었던 친구가 알려줬을 때는 정신이 확 들었다.

외국에서 의학부를 졸업한 의사 친구는, 환경이 내게 불리할 수도 있지만, "졸업과 동시에 미국의 의사가 된 외국인 의사는 없다. 미국인 지도자에게는 바로 보이지 않을지도 모르지만, 당신의 실력은 숨겨도 숨겨지지 않는다"라고 말해주었다. "네 노력은 우리가 알고 있다"라고 부모님이 해주신 말도 도움이 되었다.

또 첼리스트인 지금의 남편이 무대에 올라 빛나기까지 매일 꾸준히 얼마나 많은 노력을 했는지 지켜본 것도 나에게는 큰 용기가 되었다.

당시 남편은 예일대학 음악학교의 박사 과정 학생이었다. 겉으로는 화려해 보일지 몰라도 그 무대에 오르기 위해 하나의 선율을 수십 번 연습해야 했다. 박사 과정에서 자신이 연구하는 음악사나 분석을 통해 곡을 자기 나름의 방식으로 표현하고자 하는 노력을 가까이에서 보고 나도 노력하자고 생각했다.

고난이 닥칠 때도 반드시 지지해주는 사람이 있으므로 괴로울 때야말로 그 사람들과의 관계를 소중히 하고, 감사해야 한다는 경험이기도 했다.

✦ ✦ ✦

의욕을 잃었을 때일수록
자신의 강점을 찾는다

자신의 강점이 무엇인지 생각해보는 과정도 힘든 시기를 극복해내는 데에 큰 도움이 된다.

나의 경우 강점은 물론 예외도 있지만, 직장에서 인턴 동료, 간호사, 사회복지사 등과 금세 친해지는 것이라는 점을 깨달았다. 내가 나다워질 수 있는 인간관계가 있는지 없는지가 스트레스를 이겨내는 내성을 형성하는 데에 크게 영향을 준다. 마음을 지켜주는 나의 강점은 좋은 인간관계를 구축하는 것이라는 생각이 들었다.

사람에게는 각자 여러 강점이 있지만, 의욕을 잃었을 때야말로 자신의 좋은 점을 찾아서 이용해나가는 것이 곧 자신을 구하는 힘이 된다.

나는 일단 한 주 한 주를 버티기로 마음먹었다. 금요일 밤을 목표로 해서 그 2주를 살아남으려면 어떤 요일의 시점에서 무엇을 해야 하는지 계획하면서 지냈다.

어떤 문제를 안고 있을 때는 목표가 되는 지점이 도저히 오르지 못할 정도로 높은 산처럼 보인다. 그러나 눈앞에 있는 단계를 하나씩 뛰어넘는 일에 주력하면 할 수 있는 일이 보인다.

스트레스가 가득한 상태이거나 고통스러운 일을 하더라도 장기적으로는 자신에게 도움이 되는 경험이 될 수 있다.

바로 해결할 수 없는 문제와 해결할 수 있는 문제를 구분하면서 시간의 큰 흐름으로 상황을 다시 파악하는 일도 중요하다. 그렇게 계획을 세우고 실천하는 것도 내 강점이라는 것을 깨달았다.

직장 밖에서 자신이 빛나는 장소나 마음이 채워지는 장소를 찾는 일도 중요하다.

나는 어린 시절부터 그림 그리기나 만들기를 잘했는데, 특히 옷이나 소품을 만드는 것을 굉장히 좋아했다. 춤도 좋아해서, 플라멩코를 배워서 특기가 되었다. 정신없이 바쁜 인턴 시절에도 취미를 즐길 시간을 조금이라도 만들어 '내가 할 수 있는 일

이 있다' 혹은 조금 더 단순하게 '인생에 즐길 거리도 있다'라고

실감했던 것도 마음을 지켜준 한 요인이었다.

✦ ✦ ✦

상황이 바뀌지 않아도
자신의 생각을 전달한다

지도의에게 괴롭힘을 당했을 때 말을 꺼내야 하는지 상당히 고민스러웠다.

'이야기한다고 해결이 될까? 더 싫어하는 건 아닐까?'

머릿속으로 이런 상상을 하면서도 선뜻 이야기를 건네지 못했는데, 어느 날 병원의 한쪽 공간에서 마침 둘만 이야기할 기회가 있었다. "뭔가 다른 질문이 있는가?"라는 말을 들었고 나는 마음속으로 '지금이다'라고 굳게 마음먹었다.

나는 스스로 놀랄 정도로 차분하게 전달했다.

"선생님께서 저를 대하실 때 제 지식 부족과 경험 부족을 보완하는 지도만이 아니라 저를 향한 개인적인 혐오가 있는 것이 아닌지 느껴지는 일이 있었습니다. 지도의이신 선생님과의 관계가 저에게 교육적이며 선생님에게 고통이 아니기를 바랍니다. 제가 뭔가 할 수 있는 일이 있다면 가르쳐주세요."

결론부터 말하자면 그 대화를 했다고 관계가 개선되지는 않았고, 괴롭힘은 오히려 더 심해졌다. 그래서 지도의에게 이런 말을 한 것이 다행인지 불행인지는 아직도 모르겠다.

그러나 현실은 바뀌지 않았을지(혹은 심해졌을지) 모르지만, 이국땅에서 괴롭히는 상대에게 용기를 내어 자신의 의견을 침착하게 표명한 내가 20년 가까이 지난 지금도 자랑스럽다. 게다가 역경 속에서 자신을 성장시키기 위해 노력한 시간은 누구에게도 빼앗길 수 없는 내 재산이다.

자신이 올바르다고 생각하고 하는 행동은 당장 그 상황을 바꾸지는 못해도 장기적으로는 정신건강, 그리고 자존심을 지키는 하나의 요인이 된다는 것을 배웠다.

✦ ✦ ✦

내적 평가를
기르다

앞서 언급했듯이, 나는 운동선수의 정신건강에 관여하는 일이 많다. 특히 피겨 스케이팅은 나도 어린 시절에 시합에 나간 적이 있어서 선수들과 교류가 있기 때문에 선수들의 동향을 항상 주목하고 있다. 그러는 동안 운동선수의 말에서 많은 것을 배웠다.

그들이 경험하는 고난 속에서 회복력을 기르기 위한 재평가에는 많은 필수 개념이 등장한다. 그중 몇 가지를 소개하겠다.

먼저, 외적 평가와 내적 평가라는 두 개의 평가축에 대해 설명하겠다.

외적 평가는 경기 성적이나 메달 실적, 인기, 후원사가 얼마나 붙어 있는지 등 외부에서 주어지는 평가를 말한다. SNS 게시물에 붙는 '좋아요' 수 역시 외적 평가에 해당한다.

내적 평가는 자신이 노력한 정도, 성취감, 성장하고 있다는 느낌, 보람을 중심으로 한 자기 평가를 말한다.

물론 열심히 하면 성적이 올라갈 수 있다는 점도 있지만, 현실적으로 어쩔 수 없는 상황도 발생할 수 있다.

올림픽에서 금메달을 따기도 한 피겨 스케이팅 선수 하뉴 유즈루羽生結弦가 한 인터뷰에서 이야기한 내용이 매우 인상 깊었다.

그는 2015년 시즌 동안 세계 최고 점수를 계속해서 갱신했지만, 그 이후에도 더욱 노력해서 몇 년 동안 기술을 갈고닦았다. 점프와 표현력 모두 분명히 향상했지만, 경기에서 심사위원들이 매기는 점수로 이어지지 않아서 납득이 되지 않고, 생각한 대로 되지 않을 때가 있었다고 한다. 그런 상황을 고려해서 누군가가 매기는 점수가 아니라 자신이 만족할 수 있는 연기를 관객과 공유하기 위해 프로 스케이터가 되기로 결심했다는 이야기를 했다.

피겨 스케이팅이라는 경기는 결국 심사위원의 판단에 달려있다. 규칙에 따라 공정하게 심사하는 심사위원들이 많지만, 때때로 정치적인 작용이나 주관, 의도가 들어가기도 해서, 모든 것이 개인의 노력이나 기술로 정해지지 않는 부분이 있다.

또한 운동선수는 한 번 부상을 입어 경기에 출전하지 못하면 순위가 떨어지기도 한다. 게다가 한마디의 실언으로 그동안의 인기를 잃을 뿐 아니라 비난의 타깃이 되기도 한다.

외적 평가는 다양한 요인이 관련되어 있으며, 노력과 무관하게 오르내리기도 한다. 그렇기 때문에 외적 평가에 집중하면 마음이 매우 불안정해지기 쉽다.

반면에 성적이 나오지 않아도 그동안 해온 노력이나 성취감은 사라지지 않으며, 모두 자신의 자산이 된다. 그 과정에 대한 평가는 외적 평가가 변동하더라도 바뀌지 않는다. 이것이 바로 내적 평가다.

운동선수라면 당연히 성과를 내고 싶어 한다. 성과를 추구하는 것과 성과를 추구하기 위한 과정을 소중히 여기는 것은 상반되는 생각 같지만, 사실 둘은 공존할 수 있다.

외적 평가만으로는 막다른 길에 이르기도 하는데 그런 상황에서 믿을 수 있는 것이 내적 평가다. 그래서 노력에 비해 결과가 좋지 않아 고민하는 운동선수나 다른 선수와 비교를 당해 괴로워 하는 선수, 외적 평가가 높은 위치에 있는 운동선수에게도 단련해야 하는 것은 내적 평가라는 이야기를 많이 한다. 그리고 이 이야기는 지금 이 책을 읽고 있는 여러분에게도 꼭 전하고 싶다.

내적 평가에 관해서, 피겨 스케이팅 빈센트 저우Vincent Zhou 선수의 감동적인 에피소드를 소개하겠다. 그는 미국 대표로 베이징 올림픽에 출전했지만, 단체전이 끝난 후 신종 코로나 바이러스 검사에서 양성이 확인되어 이후 경기에 참가하지 못하게 되었다. 당시 그는 SNS에 올린 영상에서 "그동안 감염 예방에 최대한 주의해왔다"라며 눈물을 글썽이며 아쉬움을 표현했지만, 이어서 이렇게 말했다.

"경기에 나가지 못하는 것은 정말 아쉽다. 하지만 내가 어릴 적 되고 싶다고 꿈꿔왔던 스케이터가 나는 이미 되었다."

예상치 못한 비극 속에서 복잡한 심경으로 한 발언일 수 있지만, 바로 이 말에 내적 평가가 표현되어 있다고 생각한다.

내적 평가는 자존감을 키운다. 그리고 자존감이 높을수록 자신의 생각을 다시 살펴보는 재평가도 더 쉽게 이루어질 것이다.

자신감을 잃었을 때나 불쾌한 생각이 들었을 때는 외적 평가를 잠시 내려놓고 내적 평가라는 축으로 자신이 걸어온 인생과 지금까지의 경험을 바라보자. 분명히 다른 시각이 열릴 것이다. 재평가의 과정 중 하나로 꼭 활용해보기 바란다.

나가스 미라이 선수에게
배우는 오너십

오너십Ownership이란 직역하자면 '소유권'이 되지만, 심리학 용어에서는 자신의 선택을 자신이 하고, 그 결과도 스스로 마주한다는 의미다. 즉 자신의 판단, 경험, 의견을 소유한다는 것이다. 오너십이 있는지 없는지로 재평가의 과정도 바뀐다고 가르쳐준 것은 내 친구이자 피겨 스케이팅 선수인 나가스 미라이長洲未来다.

미국에서는 5월이 '정신건강 인식의 달'이다. 그 일환으로 2021년 하버드대학과 매사추세츠 종합병원에서 내가 기획한 나가스 미라이 선수와의 대담 강연을 실현했고, 영상으로 공개했다.

그녀는 열네 살이라는 어린 나이에 전미 챔피언이 되어 미국인 여성으로 처음으로 올림픽에서 트리플악셀을 성공시킨 스케이터다.

그러나 그 여정이 늘 순탄했던 것만은 아니다. 두 번째 올림픽에 출전을 바랐지만, 그녀는 2014년 올림픽 멤버로 선발되지 못했다. 많은 운동선수가 여기에서 포기할 수도 있지만, 그녀는 다음 올림픽을 목표삼아 4년 동안 트레이닝을 거듭하는 길을 선택했다.

그 결과 2018년 올림픽 단체전에서 훌륭하게 트리플악셀을 성공시켜 미국 팀의 은메달 획득에 기여했다. 이 연도의 올림픽에서 트리플악셀을 시도한 여성 선수는 미라이뿐이었다. 당시 그녀의 나이는 스물 넷으로, 피겨 스케이팅계에서는 고령이라고 불리는 나이에 위업을 달성한 것이다.

그녀가 세계적인 피겨 선수로 알려진 열네 살은 중학생으로 겨우 자아를 찾기 시작하는 나이다. 앞으로 인생 경험을 많이 쌓아갈 나이임에도 홀로 빙상에 서서 많은 사람에게 평가를 받는 입장에 놓였다.

미라이 선수는 나와의 대담에서 "어린 시절에는 확실히 간단하지 않았지만, 새로운 경험으로 스케이트 자체를 즐겼어요.

문제는 성과가 나오지 않았을 때였습니다. 몸 상태가 안 좋은 시기가 이어지면 이렇게 돈과 시간을 들이면서까지 해야 하는지 고민이 되었습니다"라고 말했다.

톱클래스의 코치에게 지도를 받으며 경기를 지속하기 위해 스케이트 연맹에 금전적인 지원을 요청했다고 한다. 그렇기 때문에 순위가 내려가는 것은 필설로는 다할 수 없는 고통이었다.

물론 원조를 받는 것만으로도 혜택이지만, 다음 해에도 원조를 계속 받으려면 성과가 필요하다. 그녀는 점차 강한 압박을 느끼게 되었다.

사람의 전두엽전영역은 20대 후반까지 발달한다고 하는데, 10대 중반은 아직 한창 발달 중인 단계다. 그러나 운동선수에게는 어린 시절부터 강한 정신력을 기대한다.

10대의 미라이 선수는 대회에서 우승하면서 점점 더 많은 후원사의 눈에 들게 됐다. 그러니 그녀는 결과를 염려하는 사람이 있다고 생각하니 초조해져서 제대로 성과를 내지 못했다고 한다.

연습에서 잘하고 있기에 큰 실수만 하지 않으면 세계선수권 메달은 확실하다는 말을 듣는 상황에서도 미끄러지기 시작하면 점프의 대부분을 실패했다. "그 시절에는 나 자신에게 실망해서 스스로 나쁜 사람이라고 생각했어요"라고 그녀는 회상했다. 당시 그녀는 문자 그대로 아직 아이였다. 부모와 후원사가 준비해놓은 환경에서 누군가의 기대에 부응해야 한다는 초조함에 시달리면서 정작 자신을 위해서는 스케이트를 타지 못하는 상황이었다.

미라이 선수가 열일곱 살이 되자 코치가 거점을 옮긴 탓에 스케이트 연습을 위해 편도 두 시간 이상을 들여 링크에 다니는 나날이 시작되었다고 한다.

그때까지 픽업을 담당한 것은 그녀의 어머니였다. 심리적, 신체적 건강을 위해 가족의 곁에서 다니는 것이 좋겠다고 해서 그렇게 했단다. 그러나 이동에 시간이 빼앗겨 원하는 만큼 연습을 하지 못하는 일로 미라이 선수는 불만이 격해졌다.

"왜 링크 가까이로 이사하지 않는 것일까? 환경이 조성되지 않는데, 성과를 내라고 요구받는 게 괴로워서 부모님에게 심한 말을 했어요. 점차 부모님과 서로 이해하지 못하는 상황이 되었습니다."

부모님과의 관계에 금이 가기 시작하자 그녀가 열여덟 살이 된 어느 날 어머니는 "이제 네 맘대로 해"라고 손을 놓았다고 한다.

그런데 그 일을 계기로 "경기를 지속할 것인가, 말 것인가?"

라고 자문하게 되었다. 경제적인 부분은 차치하고, 픽업해주는 사람도 없고, 버스로 두세 시간 걸려서 링크에 다니는 생활이었다. 하지만 "다른 사람에게 맡기지 않고 모든 것을 스스로 정해서 행동하게 된 후로는 심리적 저항이 줄어들었어요. 좋은 의미로 진지하게 스케이트를 대하자 자존감도 올라갔습니다"라고 그녀는 이야기했다.

자신의 선택과 자신의 힘으로 자신의 길을 걷는다.

미라이 선수가 오너십을 손에 넣은 순간이었다.

그 후 스케이터로서 다시 빛나기 시작한 미라이 선수가 올림픽에서 위업을 달성한 것은 앞에서도 말했던 대로다. 또한 부모와의 관계도 좋은 방향으로 흘러갔다고 한다.

"나와 관련된 결단은 책임을 지고 내가 한다"라는 것을 오너십이라고 하며, 개인이 주어진 직무나 임무에 대해 주체성을 지니고 몰두하는 자세나 마인드를 가리킨다.

예를 들어 타인의 존재나 발언이 자신의 평가나 성적에 영향을 끼쳐서 부정적인 결과가 나왔다면 복잡한 생각이나 분한 마음이 솟아오를 것이다. 또한 기대를 모으고 있는데, 결과가 나오지 않는 것은 누구에게나 매우 괴로운 일이다.

하지만 자신이 하겠다고 정하고, 자신이 조절할 수 있는 일을 전부 해낸 결과 발생한 실패나 성공이라면 어떨까? 과정도 포함해서 '내 것이다'라고 생각한다면 어떤 결과라도 깨끗이 받아들이고, 자신을 믿고 앞으로 나아갈 수 있다. 그것이 오너십의 본질이다.

연애 관계에서도 직장에서도 타인에게 맡기는 것은 앞으로 어떤 일이 일어날시, 어떻게 진전될지 보이지 않아서 큰 스트레스가 된다.

반면에 스스로 결단하는 것은 용기가 필요할 수 있으나, '나라는 배의 키'를 스스로 확실히 쥐고 나아가면 상처를 받아도, 설령 성과가 따라오지 않아도 납득할 수 있는 항해라고 돌이켜볼 수 있다. 그리고 다시 일어서서 나아갈 수 있다. 과제나 임무를 명령받거나 따르지 않는 것에 대한 불안과 공포가 원인이 되어 처리하는 것이 아니라 스스로 소유해서 결단하는 것은 근본적인 보람을 주고, 의욕을 북돋는다.

앞에서 언급한 내 경험담에서 나를 괴롭힌 지도의에게 내 의견을 말하겠다고 선택했을 때, 그 후 어떤 결과가 되었든 그 발언에 의미가 있다고 느꼈다. 자신의 결단도, 행동도, 따르는 결과도 스스로 소유하는 일이 바로 오너십이라고 생각한다. 또 상대가 있는 상황이었음에도 이 상황에서 내가 할 수 있는 일은 무엇인지 생각한 일도 역시나 오너십이었다.

✦ ✦ ✦

받아들이고
앞으로 나아가는 힘

재평가의 과정에서 먼저 상황이나 감정을 인식하고 받아들이는 것이 중요하다고 썼지만, 이 과정에도 사실은 이름이 붙어 있다. 바로 철저한 수용Radical Acceptance이다.

베이징 올림픽에서 하뉴 유즈루 선수가 보여준 모습은 잊을 수가 없다. 올림픽에서 두 번의 금메달을 목에 건 후에 출전한 쇼트 프로그램에서 첫 4회전 살코점프를 하지 못해 1회전에 그쳤다. 저도 모르게 비명소리가 나오게 한 장면이었다. 다른 선수가 토점프를 연습하다가 생긴 얼음 구멍에 스케이트 날이 껴서 점프를 하지 못한 것이 원인이었다.

하뉴 선수는 이 해프닝에도 동요하지 않고, 프로그램을 완벽하게 끝냈다. 세 번째 금메달과 국내외의 팬에게 받는 기대가 걸린 올림픽에서 마지막까지 작품을 완성시키는 데에 집중해 자신의 미학을 완성한 하뉴 선수의 기술과 정신력에 존경심을 보내고 싶다. 하뉴 선수는 이전부터 "내 운명은 스스로 결정한 다"라는 오너십을 계속 팬에게 보여주었다. 삶에 대한 그녀의 그런 태도에 용기를 얻은 것은 나만이 아닐 것이다.

어째서 하뉴 선수는 그렇게 강하고 유연한 사고방식을 지닐 수 있었을까? 여기에서 나는 철저한 수용이라는 말을 떠올렸 다. '수용'은 심리학 용어로 자신이 조절할 수 없는 일에 좋고 나쁨의 평가를 내리지 않고, 일어난 일이라고 받아들이는 것을 의미한다.

수용한다는 것은 포기하는 것도, 허용하는 것도, 무리하게 잊 으려 하거나 일어난 일에서 솟아나는 감정을 억누르는 것도 아 니다. 일어난 일은 바뀌지 않는다는 사실을 인식하고, 받아들 인 뒤에 앞으로 나아가는 힘이다.

최상의 컨디션으로 임해야 하는 선수들은 올림픽을 위해 우 리가 헤아릴 수 없을 정도로 많은 노력을 하고, 컨디션을 조절 한다. 그럼에도 자신의 실수가 아니라 우연히 생긴 구멍에 끼 어 1회전 점프가 되었다. 자신이 컨트롤할 수 없는 상태에 빠 진 경우 원인이 되는 대상을 찾으려고 하거나 사실을 받아들이지 않고 부정하고 싶어지는 것은 매우 자연스러운 일이다.

그러나 과거를 바꾸고 싶다, 수정하고 싶다는 기분이 강할수록 정신적으로 소모가 심하고, 강한 우울이나 불안이 따라온다.

하뉴 선수가 의식적으로 그랬는지 아닌지는 확실하지 않지만, 나는 그 짧은 시간에 철저한 수용을 했다고 해석했다. 있는 그대로를 받아들이고, 앞으로 나아가는 힘인 철저한 수용은 운동선수만이 아니라 우리에게도 유용한 사고법이다.

차가 막혀 꼼짝하지 못할 때 "저쪽 길로 갈걸"이라고 후회하거나 움직이지 못하는 주변 자동차에 짜증을 내고 경적을 울리고 싶어진다. 그러나 아무리 발버둥쳐도 정체 속에 있다는 사실은 변하지 않는다. 그 사실을 받아들이면 "이 시간을 이용해 좋아하는 라디오 프로그램을 들어보자", "함께 자동차에 타고 있는 사람과 대화를 즐기자" 혹은 "목적이 없는 시간을 즐기자"라고 자신의 마음이 가는 대로 그 시간을 보낼 수 있다. 받아들이면 앞으로 나아갈 수 있는 일도 있는 법이다.

내가 받은 괴롭힘의 사례에서도 내가 통제할 수 없는 일을 어쩔 수 없다고 받아들이니 이상하게도 "이제 앞으로의 운명은 내 것이다"라는 오너십이 작용했다. 역설적이지만, '어쩔 수 없는 일도 있다'라고 인식하면 그 이후는 오히려 자신이 통제할 수 있다고 깨닫는 것이다.

 물론 모든 것이 이렇게 잘 풀리는 것은 아니다. 그러나 사람이라면 누구나 경험하는 고난과 불운에 따르는 스트레스 속에서도 재평가는 가능하다. 당시에는 최악이라고 생각되어도 아침이 오지 않는 밤은 없다. 그것을 믿고, 능동적으로 자신의 마음과 마주하기 위해 이번 장에서 소개한 감정이입, 승화, 이타심, 유머, 또 자신이 통제 가능한 일을 인식하는 일, 지지해주는 사람에게 감사하는 일, 강점을 이용하는 일, 그리고 오너십과 철저한 수용이라는 개념이 도움이 되기를 바란다.

4장

'내 안의 나'가
무너질 때

✦ ✦ ✦

마음의 병이
보내는 신호

지금까지 재평가의 성립 과정과 받아들이는 방식, 근간이 되는 사고방식 등에 대해 이야기했다. 다소의 불안과 걱정거리, 분노는 자연스러운 일이며, 그것을 완전히 없앨 수는 없다.

하지만 재평가를 받아들이면 감정을 만드는 편도체 신경세포의 활성화를 가라앉히고, 부정적인 감정을 가볍게 할 수는 있다. 괴로운 상황과 불운에 휘말렸을 때조차도 재평가를 할 수 있다고 이야기했다.

이번 장에서는 정신건강을 더 좋게 유지하기 위해 유의해야 할 일과 마음이 지쳤을 때 받아들여야 할 일, 마음의 병에 대한 의학적 대처법 등에 대해 설명하겠다.

재평가는 마음의 상태가 무너졌을 때 사용하는 기법이지만, 오히려 마음 상태가 좋으면 좋을수록 성공률이 올라가기도 한다. 다양한 상황에서 재평가를 하기 위해서라도 정신건강을 살피는 일은 필수이며, 마음에 불편함이 있을 때는 그 신호를 깨닫고 대응해야 한다.

마음의 병이란 어떤 것일까? 일반적으로 심리적 스트레스나 그 외의 다양한 원인에 따라 감정과 행동이 한쪽으로 치우치는 상태를 가리킨다. 정신질환의 총칭으로 이용되는 경우도 있다. 병명으로는 우울증, 의존증, 사회불안장애, 강박성 장애, 섭식장애, 조울증, 뇌전증, 조현병, 치매 등이 있다. 들어본 적이 있는 병명도 있을 것이다.

마음의 병에는 여러 가지 증상이 있다. 예를 들어 기분이 침울하고 자신감이 없어지거나 필요 이상으로 불안해지거나, 뭐든지 비관적으로 생각되는 경우도 있다. 나른하고, 피로가 풀리지 않고, 일어나기가 힘들고, 두근거림, 두통, 어깨 결림, 현기증 등 신체에 나타나는 증상도 있다.

이런 마음의 불편함이 지속되어 일상생활에 지장이 생기는 경우에는 '몸 상태가 안 좋다'라고 인식하고 잘 살핀 뒤에 자기 나름의 변화를 꾀하거나 전문가를 찾아야 한다.

✦ ✦ ✦

식사, 운동, 수면을
무시하지 않는다

그런데 정신건강에 미치는 영향이라고 하면 어떤 것이 떠오르는가?

인간관계 등 환경에 따른 영향도 물론 있지만, 모든 사람에게 관련된 식사, 운동, 수면은 무시해서는 안 되는 중요한 요인이다.

일상생활이 정신건강에 주는 영향에 대해서는 많은 선행 연구가 있고, 뒷받침하는 증거가 쌓여 있다.

그렇다면 세 가지 습관에 대해 각각 자세히 설명해보겠다.

① 식사에 대해

안 좋은 일이 있어서 기분이 최악일 때 맛있는 음식을 먹으면 기분이 밝아진 경험이 있지 않는가? 뇌는 생존 여부에 매우 민감하기 때문에 생존에 도움이 되는 일을 하면 좋은 감정이 생기는 것이 당연하다.

나 역시 대학 시절에 최악의 기분이 들었던 사건 이후 정말 맛있는 중화요리를 먹었더니, 괴로웠던 기분이 조금 누그러져서 식사의 위력에 감명을 받은 기억이 있다. 그 이후로 우울할 때는 일부러 좋아하는 음식을 먹으려고 한다. 맛있다는 감각이 주는 행복으로 뇌의 감정 중추인 편도체의 스파크를 실감하는 일이 종종 있다.

짜증이나 답답함을 해소하기 위해 과음이나 폭식을 반복하는 것은 추천하지 않지만, 건강을 고려하면서 맛있는 음식을 먹는 일, 가끔 자신에게 보상으로 맛있는 케이크나 특별한 요리를 먹는 일은 정신건강에 좋은 일이라고 할 수 있다.

배고플 때 평소보다 짜증이 나는 것은 어린이도 어른도 마찬가지다. 배가 고파서 감정이 불안정하다는 것을 깨달으면 뭔가를 먹어야 한다.

나는 아이들을 데리러 가기 전에 간단히 뭔가를 먹기도 한다. 아이들이 집에 도착하자마자 저녁식사, 숙제, 공부, 목욕, 잠자기 등 쉬지 않고 일에 쫓기기 때문에 폭풍처럼 몰아치는 일들을 원활하게 이겨내기 위해서이다.

감정은 본래 뇌에서 처리된다. 마음이 안정되려면 뇌가 건강하게 제대로 기능해야 하는 것이 필수적이다. 예를 들어 당질은 뇌의 에너지원이며, 단백질은 세로토닌, 도파민, 노르에피네프린과 같은 정신건강과 관련된 신경전달물질의 재료가 된다.

또한 뇌가 기능하기 위해서는 다양한 영양소가 필요하다. 가령 극단적인 다이어트를 반복해 철분이 부족해지면 우울증과 유사한 증상이 나타날 수 있다.

철분이 부족하면 빈혈이 생겨 뇌에 충분한 산소를 운반할 수 없고, 포도당을 에너지로 변환하는 능력도 약해지며, 행복감과 집중력을 유지하는 데에 필요한 도파민의 생산도 철분이 없으면 안 되기 때문에 이런 문제가 발생할 수 있다.

우울증과 관련된 요인은 여러 가지가 있지만, 식사나 영양도 많은 연구를 통해 관련되어 있다는 것이 밝혀졌다. 미국 심장협회가 실시한 조사에 따르면, 심혈관 건강과 관련된 흡연, 신체 활동 수준, BMI, 식생활, 콜레스테롤, 혈압, 혈당이라는 일곱 가지 요인 중에서 콜레스테롤을 제외한 여섯 가지 항목이 우울증과 관련이 있다고 한다. 영양 관리는 심장병만이 아니라 정신건강을 위해서도 중요한 역할을 하고 있다.

그런데 식사에 관련해서 나는 다이어트 문화에 강한 염려가 든다. 미디어나 광고, 대화를 하면서 날씬해야 한다는 메시지가 느껴지지 않는 날이 없을 정도이며, 살이 쪘다고 판단된 사람에 대한 모욕도 일상적으로 눈에 띈다.

날씬하든 뚱뚱하든 인간은 누구나 존중받을 권리가 있는데, 미디어에서 그려지는 뚱뚱한 캐릭터는 항상 심술궂거나 방정맞거나 미움 받거나 웃기는 역할을 하는 경우가 많다. 사람들은 체형에 따라 다른 태도를 보이는 일도 있다.

아무리 날씬해도 다이어트 문화에서는 더 말라야 한다는 분위기가 조성된다. 결국 체중이 어느 정도이든 행복으로 이어지지 않는 상황을 보면 날씬하다는 것에 의미가 없어 보인다.

비만에는 물론 건강상의 위험이 따르므로 정신건강에 악영향을 줄 수도 있다. 그러나 사실 건강한 체중의 범위는 우리 사회에서 제시되는 만큼 좁지 않다. 한편 날씬하기 위한 압박, 먹는 것을 참아야 한다는 압박과 같은 정신적인 악영향은 헤아릴 수없다. 체중의 증감은 어느 정도 있어도 괜찮으니 숫자의 작은 상하변동을 지나치게 신경 쓰지 말고, 장기적으로 파악해서 자신이 건강하다고 느끼는 체중이면 된다.

산후의 체중 증가도 자연스러운 것이므로 그런 몸의 변화를 부끄러워하지 말고, 출산한 몸에 감사와 축복을 느끼는 세상이기를 바란다. 아름다움의 형태는 좀 더 다양해도 될 것이다.

식사를 날씬함과 연관 지어 계획하지 말고, 행복을 주는 하나의 요소, 뇌와 몸에 필요한 것으로 파악하는 것은 개인만이 아니라 사회적인 목표라고 생각한다.

② 운동에 대해

운동 습관은 정신건강에 좋은 영향을 준다고 밝혀져 있고 적극적으로 받아들이는 것을 권장한다. 우울한 상태를 예방하거나 개선하는 데에 운동이 도움이 되는 것은 명백해서 정신질환의 치료 현장에서도 운동 요법이 주목받고 있다.

가령 건강한 습관과 우울 상태의 관계를 조사한 연구에서는 신체 활동과 흡연의 영향이 가장 컸고, 정기적으로 활발한 신체 활동을 하지 않는 그룹은 활동을 하는 그룹보다 1년 후에 우울한 상태인 사람이 1.8배 많다는 결과가 나왔다. 또한 하버드대학교 졸업생을 추적한 연구에 따르면, 신체 활동이 많은 사람이나 운동을 하는 사람은 우울증에 걸릴 확률이 20~30퍼센트 낮아진다고 보고되었다. 영국에서는 국가 치료 가이드라인에서 경증 우울증 치료 방법 중 하나로 운동을 권장하고 있다.

그렇다면 운동이 정신건강에 긍정적인 영향을 미치는 이유는 무엇일까?

운동을 습관화하면 신진대사와 수면의 질이 개선되어 몸과 마음의 상태에 좋은 영향을 주기 때문이라고 보고 있다.

생리학적으로 운동은 기분에 관련된 뇌내 신경전달물질인 세로토닌과 노르에피네프린의 수치를 조절한다고 알려져 있으며, 운동을 통해 생성되는 뇌내 엔도르핀은 기분을 개선해준다고 한나.

그 외에도 운동을 지속적으로 하면 심리적인 측면에서 성취감이나 자기 효능감이 향상되는 효과도 있다.

"체력이 좋아져서 피로를 덜 느끼게 되었다."

"어제보다 더 오래 걸었다."

"더 빨리 뛰게 되었다."

이런 성과를 쉽게 느낄 수 있어 힘든 일에 맞서는 의지력을 기르는 효과도 기대할 수 있다. 또한 누군가와 함께 스포츠를 즐기면 연대감이나 소속감을 형성할 수 있으며, 사회적인 측면에서도 몸과 마음이 계속 충족되는 상태를 이루는 데에 도움이 된다.

성인이 되어서는 이를 악물고 무언가를 달성하거나 친구의 노력이나 발전에 말 그대로 성원을 보낼 일이 별로 없지만, 운동을 함께 하는 동료들과는 이런 기회가 생길 수 있다.

운동은 단기적인 기분 전환에도 도움이 된다. 고민이 많을 때 잠시 그 자리를 떠나 헬스장에서 운동을 하거나 밖에서 달리기를 하면 고민에 대한 생각을 일시적으로 중단하고 재충전을 할 수 있다.

어떤 운동을 해야 좋을지는 특별한 규칙이 없으며, 자신이 즐거움을 느끼는 스포츠라면 상관없다. 걷기, 천천히 하는 조깅, 수영, 요가 등으로 시작해보는 것도 좋다. 이 모든 운동은 기분을 전환하고 개선해주는 효과가 관찰되는 운동이다.

어떤 운동을 해야 할지 고민하는 것이 귀찮은 사람은 강사가 종류를 정해주는 헬스장 클래스에 참여하는 것도 좋은 방법일 수 있다.

나는 여유 시간에 맞춰 할 수 있는 러닝을 좋아했던 적도 있고, 러닝뿐 아니라 전신 운동을 하고 싶었던 시기도 있었다. 또한 아이를 가졌을 때는 임산부 요가 수업에 참석할 때마다 허리나 치골 결합의 통증이 완화되기도 했다.

최근에는 강사가 종류를 정해주는 훈련 클래스에 다니며, 같은 나이대의 여성들과 서로 격려하며 운동을 하고 있다. 바쁜 일상에서 운동을 우선하는 것은 어렵지만, 운동을 하고 나면 항상 '하기를 잘했다'는 기분이 들어서 정신건강에 주는 효과를 실감한다.

앞서 날씬해야 한다는 압박을 느끼는 다이어트 문화를 비판하며, 아름다움의 형태는 다양해도 괜찮다고 언급했다. 어떤 여성에게는 "근육이 생길까 봐 운동을 하지 않는다"라는 말을 듣기도 했으며, 나 역시 대학 시절 무료 쿠폰을 받아 갔던 피부관리숍에서 운동을 좋아하는 나의 근육질 다리를 본 직원이 근육을 줄이는 편이 더 예뻐 보일 것이라고 말했던 기억이 난다.

하지만 운동에는 다양한 종류가 있으며, 그 결과 어떤 체형이 되더라도 사신이 기분 좋은 체형이라면 상관없지 않을까?

몸과 마음의 건강을 위해 하는 운동인데, 근육이 생겨서 외모가 매력적이지 않을 것을 우려해 중단하는 것은 매우 안타까운 일이다. 사회적으로 다양한 아름다움을 인정하고, 신체적인 강인함도 매력의 하나로 인식되기를 바란다.

그런데 운동을 해야 한다는 조급함은 스트레스가 되므로 피곤하면 쉬는 것도 중요하다. 아무리 해도 마음이 내키지 않을 때는 바깥 공기를 쐬면서 산책을 하거나 스트레칭을 하기만 해도 된다.

정신건강을 위해 좋다고 해도 압박까지 느끼는 것은 주객이 전도되는 상황이므로 운동만이 아니라 어떤 일이든 무리가 없는 정도로 하는 것이 바람직하다.

③ 수면에 대해

수면은 말할 것도 없이 매우 중요하다.

시차 적응이나 업무, 육아의 영향으로 잠을 잘 못 잔 다음 날은 평소보다 기분이 좋지 않고, 마음의 여유가 없다는 것은 누구나 경험했을 것이다.

현대인은 자칫 수면 부족에 빠지기 십상이다. 수면시간도 문제이지만, 잠이 잘 오지 않음(입면 곤란), 자는 도중에 깸(중간 각성), 아침 일찍 눈이 떠지고 그 후 잠들지 못함(조기 각성)이라는 불면증의 증상으로 고민하는 사람이 많다. 이런 불면 증상이 주 3회 이상 나타나고, 권태감이나 졸음 등 주간의 장애가 지속되는 것을 불면증이라고 한다. 이는 일시적인 경우도 있지만, 정신건강이 불안하다는 신호일 수도 있다. 기면증이나 수면 무호흡증 같은 수면 장애와 관련이 있을 수도 있다. 또한, 불면증이 있는 사람은 그렇지 않은 사람보다 우울증 발병 위험이 두 배나 높다고 한다. 우울증 진단 시에 불면증은 초기 증상으로 중요한 신호가 될 수 있다.

불면증이나 수면 부족은 마음과 몸에 다양한 영향을 준다. 일반적으로 6시간 이하의 수면 부족이 지속되면 낮에 졸음이 생기고, 피로감, 집중력 저하, 짜증 등의 증상이 나타난다. 또한, 불면 경향이 있거나 수면이 극단적으로 짧거나 긴 경우 당뇨병, 고혈압, 지질이상증 같은 생활습관병의 발생 위험이 높아진다는 사실도 알려져 있다. 수면이 부족하면 식욕을 증가시키는 호르몬의 분비가 증가하여 식욕이 증진될 수도 있다.

스트레스는 수면을 방해하며, 잠을 자지 못하면 몸과 마음에 영향이 미친다. 이렇게 부정적인 사이클이 형성되면 잠을 잘 수 없는 상황을 방치해서는 안 된다.

누구나 할 수 있는 대책 중 하나로 아침에 일어나서 햇볕을 쬐는 것을 추천한다. 이렇게 하면 체내 시계의 스위치가 커져서 낮에는 활동적이고 밤에는 자연스럽게 졸음이 오는 체내 리듬이 생긴다.

또한 잠이 오지 않을 때 어떻게 하면 잠들기 쉬운지 스스로 분석해보는 것도 추천한다. 나는 몸이 차가워지면 잠이 오지 않기 때문에 춥다고 느낄 때는 한밤중이라도 따뜻한 물에 목욕을 하려고 한다. 게다가 불안한 일이 있으면 밤중에 머리를 맴도는 생각 때문에 초조해지고 진정이 되지 않은 경우도 있다. 그럴 때는 영상의 말소리를 이어폰으로 들으면서 잠드는 방법도 있다. 주위에서 자극이 전혀 없으면 여러 방향으로 생각이 흩어지지만, 영상에서 누군가 하는 이야기를 듣게 되면 그 주제에 집중하게 되어 생각의 속도와 방향이 진정된다. 그렇게 잠들고 아침에 일어나면 이어폰이 침대 옆에 떨어져 있는 경우가 많다. 또한 초조함을 느낄 때는 다음 날 착수해야 할 작업 목록을 만들 수도 있다. '이것도 해야 하고, 저것도 해야 해'라고 생각이 빙빙 돌 때 우선순위를 정하고 '이것과 이것을 내일 하자'라는 계획을 세우기만 해도 마음이 조금 안정된다.

좋아하는 음악이나 차분한 빛을 발하는 조명, 라벤더 향이 도움이 되는 사람도 있다. 자신의 수면을 방해하는 것과 수면에 도움이 되는 것을 생각해보자.

내 개인적인 경험을 이야기해보겠다. 중고등학교와 대학 시절에는 밤마다 잠이 잘 오지 않았다. 의대생이던 시절, 의사 국가고시를 앞두고 압박감에서 오는 불안으로 불면증에 시달리기도 했다. 당시에는 문자 그대로 정말로 폭신폭신한 것을 안고 싶다는 충동이 들어서 큰 인형을 구매한 기억이 있다.

인형을 안고 자면 잠이 더 잘 오는 것은 애니멀 테라피Animal Therapy와 비슷한 효과라고 할 수 있다. 애니멀 테라피란 동물과의 교류를 통해 병원 치료를 돕거나 노인의 삶의 질 향상, 아동 교육에 도움을 주는 방법을 말한다.

치료견과 눈을 맞추거나 만지면 애정과 유대감이 생기고 마음이 치유되어 행복을 느끼게 하는 호르몬인 옥시토신Oxytocin이 분비된다고 한다. 스트레스 해소와 정신 안정 효과를 기대할 수 있어 애니멀 테라피는 우울증 개선에도 도움이 된다고 한다.

이야기로 돌아가서, 그 이후 내 생활은 인턴 시절에는 당직과 야근이 잦아 건강한 수면 주기를 구축하기 어려운 상황이었다. 그런데 지금의 남편과 교제를 시작한 이후로는 수면에 대한 고민이 거짓말처럼 없어졌다. 마음속에서 믿을 수 있는 파트너가 생긴 안정감이 내 수면 환경에 긍정적인 영향을 준 것이 아닐까 싶은데, 실제로는 어떨까?

수면의 안정성은 환경이 정비되면서 좋아질 수도 있지만, 삶의 단계나 그때 겪고 있는 스트레스에 따라 달라질 수 있다.

특히 여성은 삶의 단계에 따라 잠들지 못하는 시기가 출현할 수 있다. 임신 중에는 낮에 졸리고 멍한 상태가 되고, 출산 후에는 밤낮으로 이어지는 수유와 육아에 쫓겨서 통잠을 잘 수 없으며, 갱년기에는 수면이 얕아져 약 절반의 여성들이 불면증에 시달리는 등 인생의 고비마다 수면에 대한 고민이 찾아온다.

어떻게 해서든 수면시간을 확보할 수 없을 때는 낮에 15분 정도라도 낮잠을 자거나 누워 있는 시간을 보내는 식으로 환경 조정에 신경을 써서 수면의 질을 조금이라도 개선해야 한다. 또한 낮에 졸음에 시달리는 내 동료 중에는 활동할 때와 쉴 때의 대비를 만들기 위해 업무 중에는 스탠딩 데스크(서서 사용하는 높은 책상)를 사용하는 사람도 있다.

정신질환과 수면의 관계에 대해서도 이야기해보자.

우울증에는 여러 가지 유형이 있으며, 그중에는 잠을 지나치게 많이 자는 사람도 있다. 그런 경우에는 아침에 일어나는 습관을 기르는 것이 중요하다.

아침에는 힘들지만 밤에는 기분이 차분해지고 평온하게 지낼 수 있는 사람도 있다. 수면에만 해당되는 것은 아니지만, 많은 사람을 대상으로 한 연구에 따르면 좋다고 여겨지는 습관이 개개인에게 맞는다고 무조건 단정할 수는 없다고 한다.

어디까지나 종합적으로 적합한 경향이 있다는 것이며, 그 방법이 개인에게 맞는지는 그 사람의 상황에 따라 달라진다. 의학적 근거에 지나치게 집착해서 '잠을 자야 해, 잠을 자야 해'라고 골똘히 생각해 스트레스를 받거나 자신을 책망하지 말고, 자신에게 맞는 방법이 무엇인지 파악해서 그것을 도입하고 수정하며 시행착오를 겪어보자.

설령 좋다고 들은 건강법이라도 따라하는 과정이 괴로울 수 있다. 지금 그런 상황이라면 그 상황을 재평가해보는 것도 한 방법이다. 운동에서도 수면에서도 기분 좋다고 느끼는 상태는 사람마다 다르다. '뭐 어때'라고 가볍게 생각해야 잠도 잘 오고, 운동도 잘 된다면 그렇게 해도 상관없다.

다만 식욕부진이나 불면이 며칠이나 이어져서 생활에 지장이 있는 경우에는 마음의 병일 가능성이 있다. 이때는 방치하지 말고, 의사와 상담하는 것을 주저하지 말자.

정신건강과
고독의 관계에 대해

　고독이라고 하면 어떤 이미지가 떠오르는가? 부정적인 이미지가 강하지 않은가?

　사회적으로 연결되어 있을 때 확실히 우리의 몸과 마음은 건강을 유지랑 수 있고, 일반적으로 고독은 유해하다는 견해가 있다. 2주 이상의 장기적인 사회적 고립은 고혈압, 우울증, 심혈관 질환, 뇌졸중, 알츠하이머 등의 위험을 높인다고 한다. 또한 외로움을 많이 느끼는 사람일수록 체내에서 염증 반응이 일어날 위험성이 높다는 연구 결과도 있다.

　코로나 팬데믹 상황에서 이루어진 격리나 행동 제한이 사람들에게 큰 불안과 스트레스를 준 것을 생생히 기억할 것이다.

이 기간에 기분장애가 늘어났다는 보고도 있고, 사회적인 교류가 줄어들면 정신질환의 발병에도 영향을 준다고 한다. 한편으로 사회불안장애나 학교 공포증이 있는 사람들에게는 등교나 출근이 필요 없어져 불안이 줄어들었다는 이점도 있었다.

인간은 사회적 동물이므로 사회나 동료와의 교류가 없는 상태는 고독하고 쓸쓸한 법이다. 혼자 있는 것이 다른 사람에게 창피하다고 느끼는 사람도 있다.

그러나 인간관계에서 생겨나는 스트레스에도 다양한 것이 있어서 나는 고독이 반드시 마음에 나쁜 영향을 준다고 생각하지 않는다.

외로울 때 괴롭다, 쓸쓸하다고 느끼는 것은 자연스러운 일이지만, 그것을 부끄럽다고 느낀다면 사회적인 가치관의 주입에 따른 것인지도 모른다. 협조적인 사람이 좋다고 해서 학교에서도 가족 사이에서도 "다른 사람과 사이좋게 지내"라는 가르침을 받으면서 자라온 사람이 많을 것이다. 그래서 혼자서 있는 시간이 길어지거나 다른 사람과의 교류가 서툴다고 느껴지면 '나는 형편없는 인간이구나' 혹은 '결점이 있는 건 아닐까?'라고 자책하는 사람이 적지 않다.

하지만 전혀 그렇지 않다. 아무리 남과 즐겁게 어울린다고 해도 타인에게 신경 쓰거나 예의 바르게 행동하는 것에 지칠 때도 있다. 혼자서 남에게 억지로 맞추지 않아도 되는 시간을 갖는 것은 자신답게 살기 위해 필요한 일이다. 그래서 나는 혼자서 좋아하는 레스토랑에 가서 식사를 하기도 하고, 쇼핑도 혼자 하려고 한다.

한편, 서성거리나 고민이 있을 때는 다른 사람을 만나 이야기를 나누는 것이 정신건강에 좋은 영향을 준다. 누군가와 이야기하는 것은 기분 전환이 될 뿐만 아니라, 자신이 과민하게 반응하는 일에 대해 사실 주변 누구도 관심이 없으며, 별일이 아니라는 것을 깨닫는 계기가 될 수 있다. 이야기하는 동안 찾고 있던 답이 문득 떠오르기도 하고, 다른 사람과 가치관을 공유하면서 조금 안심이 되기도 한다. 타인과 이야기하는 시간을 통해 무거운 짐을 덜어내고 마음이 가벼워진 경험은 누구나 해봤을 것이다.

내가 가장 외로웠던 시기는 아이들이 아직 어려 직접 돌봐야만 했던 시절이었다. 아이들과 떨어진다는 것은 선택지에 아예 없었고, 대부분의 시간을 아이들에게 맞춰서 생활해야 했기 때문에 내가 가고 싶은 타이밍에 화장실에 갈 수 없는 경우조차 있었다.
가족이 늘어나는 시점에 아이들과 항상 함께 있는데도 외로움을 느끼는 것은 이상한 감정이었지만, 육아 휴직 중에 이런 느낌을 받는다고 말하는 부모들이 결코 적지 않다.

수유 간격이 점점 넓어져서 이제는 아이를 데리고 집을 나갈 수 있게 되었고, 내가 좋아하는 음식을 먹거나 만나고 싶은 사람과 만날 시간이 조금이라도 생긴 것은 정신건강에 분명히 좋은 영향을 주었다. 육아는 누군가 해야 하는 일이지만, 부모로서 인생의 모든 것을 아이에게 바치지 않아도 괜찮다는 생각이 들었다.

배우자와 상의하면서 자신의 시간을 확보해 마음이 편해지는 경우도 있다. 나는 12주의 출산휴가를 마치고, 아이를 어린이집에 맡기고 일을 다시 시작하자마자 누군가의 삶에 기여하는 일을 할 수 있다는 것에 안도감을 느꼈다. 그리고 그만큼 어린이집에서 돌아온 아들과 함께하는 저녁 시간이나 주말 시간이 특별해졌다.

육아에서 무엇이 좋고 나쁜지는 부모와 자녀에 따라 다르기 때문에, 다양한 선택이 존중받도록 육아 중인 가족을 둘러싼 사회가 엄마와 아빠에게 더 친절해지기 바란다.

하버드대학에서 실시한 연구 중에 약 80년 동안 일반 남성을 추적 조사한 결과가 있는데 매우 잘 알려져 있기도 하다. 그 연구 결과에서 가장 주목받은 것은 강한 사회적 유대감을 가진 사람들이 더 행복하다는 사실이 확인되었다는 점이다. 가족을 위해 일해 온 남성이 퇴직하자마자 정신적으로 불안정해지는 경우도 있다. 직장의 업무나 직장 동료와의 일상적인 대화가 사라진 퇴직 후의 삶은 외로움을 쉽게 느끼게 한다. 또한 동료나 가족이 있다고 모든 것이 해결되는 것은 아니며, 결혼했든 안 했든 누구나 외로움을 느낄 수 있다.

심리학, 사회복지, 공공보건 등의 분야에는 헬프 시킹Help—seeking(도움 요청)이라는 용어가 있다. 이는 주변 사람에게 도움을 요청하는 기술을 말한다. 특히 남성들은 "남에게 의지해서는 안 된다", "남자는 약점을 보여서는 안 된다"라는 사회적 압박을 많이 받기 때문에 누군가에게 의지해야 할 때 도움을 요청하는 것이 익숙하지 않은 경우가 많다. 성실한 사람일수록 주변에 피해를 주면 안 된다고 생각해 고민을 혼자 짊어지는 경향이 있다.

그러나 괴로움이나 외로움을 혼자서 떠안을 필요는 없다. 취미를 통해 누군가를 알게 되는 일, 직장 동료와 업무 이외의 것을 즐기는 일, 가족에게 사랑을 전하는 일, 때로는 외롭다고 느껴 눈물을 흘리는 일은 남성이든 여성이든 중요시해도 된다.

말을 걸기가 불안할 때는 친절해 보이는 사람에게 그 사람이 좋아할 만한 칭찬을 해도 좋다.

초등학교 2학년인 아들의 학교 과제에 '지정된 같은 반 친구의 좋은 점을 구체적으로 세 가지 찾아서 편지에 쓰기'가 있었다. 아들은 별로 이야기해본 적 없는 여자아이가 지정되어서 무엇을 써야 할지 몰라 한 주 동안 그 아이를 지켜보았다고 한다. 그런데 아들이 읽고 있던 드래곤 판타지 소설을 보고 그 아이가 "나도 그 책 좋아해. 빌려줄 수 있어?"라고 물어보았단다. 같은 책을 좋아한다는 사실과 그 말을 해준 친구의 말이 기뻐서 아들은 그 이야기를 편지에 담았다.

이렇게 상대방을 기쁘게 하는 한마디를 건네거나 용기를 내어 누군가와 연결하려고 해보면 서로 안심하고 도와줄 수 있는 관계를 만들 수 있다. 인간은 아주 오랫동안 집단생활을 해왔기 때문에 누군가에게 도움을 받으면 미안한 기분이 아니라 고마운 감사의 마음이 생긴다. 그리고 자신도 누군가를 도와줄 수 있는 사람이 되고 싶어 한다. 내 생각은 그렇다.

다시 한 번 강조하지만, 고독한 상황은 자신에게 가치가 없지 않다. 혼자만의 시간이 있다는 것은 자신의 능력을 갈고닦고, 취미에 쓸 시간이 있다는 의미이며, 몸도 마음도 자유롭다는 것이다. '나는 내 인생을 살고 있다'라고 느끼면 혼자서 지내는 시간을 소중해 해도 된다. 이렇게 자신을 마주하고, 혼자서 보내는 고독은 누구에게나 필요한 시간이다.

고독해서 쓸쓸하다고 느끼는 것도 자연스러운 일이며 나쁜 것이 아니다. 그럴 때는 접근하기 쉬운 곳에서부터 다른 사람과 연결되려고 노력해보자.

＊ ＊ ＊

자기 내면의
유해한 남성성을 마주하다

　고독과 관련하여 최근 미국에서 자주 사용되는 '유해한 남성
성Toxic masculinity'이라는 용어에 대해 언급하고자 한다.

　유해한 남성성은 전통적으로 남성은 강해야 한다, 리더여야
한다, 일에서 승진해야 한다고 여겨지는 행동 규범 중 남성성
의 부정적인 면에 초점을 맞춘다. 강해야 한다는 생각의 반동
으로 약하다고 분류되는 불안과 슬픔이라는 감정을 억압하거
나 도움을 청하는 것을 방해할 수 있고, 남성이 우위라는 가치
관에서 여성을 상대로 성차별이 조장되기도 한다. 터프함을 요
구받으면 다른 사람에게 쉽게 폭력을 휘두르는 유해함도 지적
되고 있다.

칭송받고 싶고, 힘을 원하는 기분이 강하면 스트레스를 받았을 때 다른 사람과의 대화를 통해 이해와 공감으로 해결하려고 하지 않고, 공격적으로 신체적, 언어적 폭력이라는 수단을 쓰거나 타인에게 과도한 존경을 요구하는 방법을 무의식중에 선택하기도 한다.

자신의 약점을 제대로 보지 못하고 공유하지 못해서 무리한 유머나 분노 뒤로 숨기려고 하는 것도 전형적으로 보이는 행동이다. 이런 행동은 고독을 조장하고, 안고 있는 문제의 본질에서도 벗어날 위험이 있다.

사회 속에 있는 무의식적 편견에서 생겨나는 유해한 남성성은 주변 사람들에게 위협적이기도 하고, 그 이상으로 남성 자신도 괴롭게 한다. 자기다운 삶의 방식을 방해하는 사회 통념이나 행동 규범, 젠더에 따른 속박이 일상생활 곳곳에 잠재되어 있음을 조금 의식하기만 해도 매사를 파악하는 방식을 바꿀 계기가 되지 않을까?

만약 자신의 약점을 다른 사람에게 잘 드러내지 못해서 고민한다면 모두 자기 탓이라고 생각하지 말자. 우리는 사회 속에서 살아가면서 사실 여러 가지 기대와 압박을 받고 있다.

'여성이라서, 남성이라서'라는 고정관념을 바탕에 둔 압박도 있으며, '정신적 고통을 겪는 것은 부끄러운 일'이라는 정신건강에 관련된 사회적 편견도 있다. 이런 것들이 개인의 인식에 영향을 미치지 않을 수가 없다.

최근에는 일본 럭비 선수회와 전문가들이 공동으로 정신건강을 위한 인식 개선 프로젝트를 진행하는 등 변화의 조짐이 보이고 있다. '약함은 강함 프로젝트'라는 이름으로, 공식 사이트에서는 일류 운동선수들이 겪은 힘든 기억과 정신건강에 대한 솔직한 생각이 적혀 있다.

"강한 사람을 연기하면서 필사적으로 약함을 숨겼다."

"에이스인데도 두려웠다."

"올림픽에 나가지 못하면 나는 아무 가치가 없다고 생각했다."

"중요한 것은 자신의 나약함을 숨기지 않고 이해하는 일이다. 주변에 털어놓으면 서로 돕는 동료가 생겨서 더 큰 힘을 발휘할 수 있다."

"다른 사람과 연결된다고 느끼는 순간은 약함을 공유할 수 있을 때가 아닐까?"

이 프로젝트는 몸과 마찬가지로 마음의 건강에 대해서도 긍정적으로 생각하고, 적극적으로 돌봄과 치료를 받으라고 권장한다. 아이든 어른이든 "강해야 한다"라는 압박을 받는 남성이나 강인한 운동선수도 나약한 모습을 보이지 못해 고민하고,

마음이 아플 수 있다. 이를 알려 정신질환에 대한 편견과 오해를 없애는 것이 목표라고 한다.

　'자신의 약함을 보여줄 수 있는 사람이 진정으로 강한 사람'이라는 메시지에 용기를 얻는 사람이 많을 것이다. 돌봄과 치료로 이어지는 심리적 저항을 낮춘다는 의미에서도 매우 멋진 프로젝드라고 생각한다.

✦ ✦ ✦

두려움과 불안이
분노가 된다면

폭력, 괴롭힘, 난폭운전, SNS의 악성댓글 등 분노를 발단으로 일어나는 문제가 적지 않다. 분노를 조절하지 못하면 표현 방식에 따라서는 그 자리의 상황이 더 악화되기도 한다.

앞에서도 언급했듯이 분노를 느끼는 일 자체는 나쁜 것이 아니며, 어떤 감정이든 느껴도 된다. 분노가 반드시 부정적인 영향을 준다고는 할 수 없다. 뭔가 부조리하다고 느끼는 일이 있어서 '용서할 수 없어', '상황을 바꾸고 싶어'라고 생각했다고 하자. 그래서 상대에게 그 생각을 전달하거나 사회에 작용하기 위한 활동을 개시한다면 분노가 좋은 일을 하는 원동력이 되었다고 할 수 있다.

그렇지만 분노에는 상당한 에너지가 소비된다. 녹초가 되기 전에 분노의 배경에 어떤 이야기가 숨겨져 있는지 시점을 바꿔 직면해봐야 한다.

지금까지 겪은 경험 중에서 타인에게 상처를 받았거나 두려움을 느낀 경험은 없는지 생각해보자. 또다시 비슷한 상처를 받지 않을까 하는 두려움이나 누군가에게 상처를 받았을 때 자신을 지키지 못한 것에 대한 후회도 있을 것이다. 이런 감정은 자신에게 공정하지 않은 일이 일어났을 때 분노로 터져 나오는 경우가 있다. 분노로 인한 행동의 대다수는 두려움이나 불안 같은 감정의 반영이기도 하다. 또한 과거의 경험에서 비롯된 불안이 예기치 않은 순간에 분노로 표출되어 필요 없는 상황에서 누군가를 상처 입히는 경우도 있다.

따라서 자신의 마음을 지키려면 잠시 숨을 고르고, 그 뒤에 있는 솔직한 감정이나 자신이 겪어온 경험에 직면하는 것이 중요하다.

머리끝까지 분노가 치밀어 오를 때는 즉시 냉정해지기 어렵겠지만, 조금 시간이 지난 후에라도 재평가를 해보자.

또한 불쾌한 감정이 든 이유를 신뢰할 수 있는 사람에게는 직접 말로 전해도 좋다. 아무 말도 하지 않으면 상대가 보는 것은 화가 난 내 모습뿐이며, 진정으로 전달하고 싶은 메시지가 전달되지 않을 수 있다.

사실은 "상처받고 불쾌한 기분이 들었다", "무서워서 다시는 같은 느낌을 받고 싶지 않다"라는 것을 말로 전하면 혹시나 상처받았을 상대가 받아들이는 방식이 바뀔지도 모른다. 상대에게 전달하지 못해도 자기 자신이 "지금 느끼는 분노의 감정은 그 경험이 떠올랐기 때문이야"라고 감정이나 생각을 정리하기만 해도 자신의 분노 표현 방법이 분명 바뀔 것이다.

✦ ✦ ✦

SNS와
정신건강

　소셜미디어SNS는 오늘날 정보를 전달해주고, 사람과 사람을 연결해주는 툴로 사용되고 있다.

　그러나 동시에 SNS는 우리를 정신적으로 괴롭히는 현대의 병인이기도 하다. 개인이 특정되기 어렵기 때문에 얼굴을 마주 보고는 하지 못하는 말도 대담하게 발언한다는 특징이 있다. 오히려 일대다수의 활자 커뮤니케이션 속에서 서로 내놓는 의견의 뉘앙스를 이해하지 못해 대화가 예기치 못한 방향으로 흘러가는 일도 있다.

　또한 사람의 다양한 면을 볼 수 있는 대면 교류와 달리 게시물을 올리는 사람이 보이고 싶은 것만 보이므로 쓸데없는 열등감이나 질투를 생성하는 곳이기도 하다.

게다가 SNS에서는 비슷한 기호를 가진 사람끼리 서로 팔로우하는 일이 많고, SNS 플랫폼의 알고리즘을 통해 자신이 보고 싶은 정보가 우선 표시되어 자신의 가치관이나 기호에 맞지 않는 정보에서 멀어지는 구조로 되어 있다. 그 결과, 마치 고립된 거품(버블) 속에 갇히는 듯한 특징이 있으며, 이를 '필터 버블Filter Bubble' 현상이라고 한다. 이 점을 인식하지 않으면, 마치 자신의 SNS에 떠오르는 화제나 의견이 자신뿐 아니라 전 세계 모든 사람이 보고 있는 것처럼 느껴질 수 있으며, 공격을 받을 때는 주변 모든 사람에게 비난받는 기분이 들기도 한다.

여러 명이 모여 이야기를 나눌 때, 어떤 사람에 대해 나쁘게 이야기하기 시작하면 대화가 이상하게 활기를 띠는 경험을 해본 적 없는가? 집단에 있으면 극단적인 결론을 내리기 쉬운 현상을 심리학 용어로 '집단 극단화'라고 하며, 이는 온라인에서도 자주 발생하는 현상이다. 누군가 한 마디 댓글을 남기면 그 사람이 매우 훌륭한 사람인 것처럼 수만 개의 '좋아요'로 찬사를 받기도 하고, 한 번 비판의 대상이 되면 순식간에 많은 사람에게 공격을 받는다. 결국 대상이 되었을 때는 도저히 벗어날 수 없는 상황에 몰리고 만다. 이런 일들이 의도치 않게 발생하는 것이 온라인 커뮤니케이션의 세계라고 할 수 있다.

수백만 건이 넘는 웹사이트와 청소년을 대상으로 한 온라인 채팅 플랫폼을 분석한 어느 리서치에 따르면 코로나 팬데믹 시기에 인터넷상에서 차별 표현을 포함한 유해 커뮤니케이션이 극단적으로 증가했다고 한다. 온라인 채팅에서 주로 10대 청소년 사이의 증오 표현이 팬데믹 전과 비교해서 70퍼센트가 증가했고, 온라인 게임 등에서 유해한 커뮤니케이션이 40퍼센트나 증가했다는 보고가 있다. 또한 아시아인을 향한 인터넷상의 혐오 발언이 배로 증가했다는 것도 보고를 통해 밝혀졌다.

코로나 사태가 수습된 지금 시점에서 경제적 불안과 고용 문제 등 아직 불안 요소가 있어 사람들의 마음이 편치 않는 상황이 이어지고 있다. 부정적인 코멘트를 받는 측의 정신건강도 걱정이고, 악성댓글로 넘치는 SNS를 보는 사람들의 마음에도 악영향을 줄 가능성이 있어 염려스럽다.

애초에 타인에 대한 부정적이고 공격적인 코멘트를 하는 것은 그 사람의 정신건강이 불안정함을 드러내는 것이다. 공복 상태에서 짜증이 나듯이 신체적으로 혹은 정신적으로 채워지지 않으면 사람은 사소한 일에도 공격적이 되어 격앙되고 만다. 그리고 간단히 발산할 수 있는 인터넷 환경에 자신의 공격성을 향하게 된다. 그런 행동의 뒤에는 부정적인 기분을 맑게 하고 싶은 마음이 있을 것이다.

그러나 실제로 다른 사람을 공격하거나 괴롭혀 기분이 나아지는 효과는 그리 크지 않다. 오히려 자신의 행복도는 높아지지 않고, 반대로 짜증이 나거나 답답함이 증가하기도 한다. 그러므로 불안이나 분노 같은 강한 감정이 생겼을 때는 즉시 반응하지 말고, 한숨 돌려보자. 순간적으로 불타오르는 감정을 깨닫고 "지금 이 일을 SNS에 올리는 것이 정말 내게 도움이 될까? 내 발언에 책임을 질 수 있을까?"라고 자문해본다.

억눌린 스트레스를 해소하려면 가까운 사람에게 이야기하고 생각을 들어보는 것도 한 방법이다. 강한 감정은 잠시 기다리면 완전히 사라지지 않아도 어느 정도 진정된다. SNS를 중단하고, 좋아하는 일을 하거나 기분 전환을 하는 것도 효과적이다.

괴롭힘을 당하는 입장이 되었을 때도 한 번 멈춰서 생각해보자. 자신이 공격받아야 할 행동을 했을까? 공격하는 말은 진실일까? 반격하면 현재 상황이 변할까? 지금 반격하면 자신의 감정이 달라질까? 앞으로 다른 방식으로 반격할 기회가 있을까? 나도 과거에 '지금 반격해봐야 의미가 없다'라는 생각이 들었던 악성댓글을 경험한 적이 있다. 그때는 SNS를 일주일 정도 닫고, 평소처럼 일을 하거나 가족과 시간을 보내며 내 마음을 돌보는 시간을 가졌다.

SNS에서 일어나는 일이 매우 큰 것처럼 느껴져도 일단 닫아 보면 실제 세계에서 옆에 있는 사람이나 지나가는 사람들은 그런 SNS 세계에서 일어나는 일을 모를뿐더러 전혀 관심이 없다는 사실을 실감할 수 있다. 이는 안도감을 주는 경험이었다. 자신의 마음을 지키기 위해서라도 의식적으로 변화를 주는 것이 요즘 시대에는 매우 중요하다.

✦ ✦ ✦

가벼운 마음으로
전문가에게 상담하자

불안, 분노, 슬픔 같은 부정적인 감정에 맞서고, 다음 단계로
나아가기 위해 재평가는 매우 효과적이지만, 이것만으로 모든
문제가 해결되는 것은 아니다.

마음의 병은 누구에게나 발생할 수 있다. 정신건강에 이상을
느낀다면 주저하지 말고 전문가의 도움을 받자 병에 걸렸을 때
휴식이나 치료가 필요하듯이 마음이 약해졌을 때도 먼저 마음
을 건강한 상태로 회복하는 것이 중요하다.

예를 들어 불안감이 심해서 "차분하게 있을 수 없다", "머리
가 잘 돌아가지 않는다", "다른 사람의 이야기가 전혀 귀에 들
어오지 않는다", "며칠이나 직장에 가지 못했다"라는 상황은

의료기관을 방문할 충분한 이유가 된다.

　반복해서 말하지만, 기분이 가라앉거나, 무엇을 해도 기운이 나지 않거나, 짜증이 나고, 마음이 불안정한 상태, 호흡이 어렵거나, 어지럽거나, 식욕이 없거나, 잠을 잘 수 없거나, 두통이나 복통이 계속되는 등 신체적 변화가 있을 경우에도 정신건강에 이상이 있는지 의심해봐야 한다.

✦ ✦ ✦

병원에 가는 것을
부끄럽게 생각하지 말자

정신건강에 문제가 있다고 느끼면서도 의료기관 방문을 망설이는 사람이 의외로 많다. 정신과 진료를 받거나 상담, 약물 치료에 대해 강한 편견이나 저항감을 느끼기 때문이다.

하지만 정신질환은 사람들이 상상하는 것보다 훨씬 일반적이다.

2016년에 발행된 세계 정신건강 조사WMHS: World Mental Health Survey에 따르면, 일본의 정신질환 평생 유병률은 22.9퍼센트다. 즉 평생 5명 중 1명이 정신질환에 걸릴 수 있는 가까운 문제라는 이야기다.

진단명으로는 우울증, 조현병, 불안장애, 치매 순으로 많으며, 고령화가 진행 중인 일본에서는 우울증과 치매의 급격한 증가가 특징이다. 미국에서는 성인 5명 중 1명이 정신질환을 경험하고 있으며, 진단명으로는 불안장애, 우울증, 조울증, 조현병 순으로 많았다. 또한, 지난 12개월 동안 정신건강 관련으로 치료를 받은 사람은 20.3퍼센트며, 국민의 16.5퍼센트가 어떤 형태의 성신질환 치료를 위해 약물을 복용하고 있다.

정신과 관련된 의료 종사자는 정신과 의사만이 아니라 심리학자, 사회복지사, 학교 상담사 등 다양한 전문 직종이 있다.

정신과 의사는 의사로서 생물학적 진단 및 치료, 특히 미국에서는 약물 치료를 주로 담당하는 경우가 많다. 동시에 다양한 대화 속에서 환자와 가족에게 심리적 지원을 제공하는 역할도 한다. 심리학자는 심리학을 전문으로 하는 직업으로, 심리치료 및 심리 테스트를 수행하며, 정신질환 치료에 중요한 역할을 한다.

미국에서는 일이 힘들어서 누군가에게 상담을 받고 싶다는 경우도 있고, 가정 내의 갈등이나 연애 문제로 고통스러워서 치료사와 이야기하고 싶다는 경우도 많다. 심리 상담의 장벽이 낮은 것은 미국의 특징일지도 모른다.

내가 인턴을 시작할 때도 인턴 오리엔테이션에서 "인턴 생활은 힘든 경험과 스트레스가 많은 시기이므로, 그럴 때는 치료를 받는 것을 권장한다. 또한 치료를 받으면서 누군가를 돌보는 방법을 배우고, 자신에 대해 배우기도 하는데, 그것은 모두 의사로서 일하는 데에 긍정적인 영향을 주는 경험이 된다"라는 이야기를 들었고, 근처에 있는 치료사의 이름과 연락처 목록도 전달받았다.

실제로 나도 인턴 생활 중 주 2회 치료를 받았는데, 치료에서 나눈 대화 덕분에 극복할 수 있었던 고난도 있었다. 치료를 통해 감정과 생각을 정리한 덕분에 실제 생활에서 결단을 내릴 수 있기도 했다.

주변에서 치료를 받지 않은 사람이 거의 없는 상황이라서 부끄러움도 없었고, "지금부터 치료 받으러 갈 거야"라며 동료가 직장을 나가는 모습도 일상적이었다. "내 정신과 의사가 이렇게 말했는데, 어떻게 생각해?"라는 대화도 자주 있었다.

나는 진료 이외의 장소에서 환자와 딱 마주치는 경우, 의사와 환자 관계라는 것을 말하지 않는데, 환자 쪽에서 "이 사람 내 정신과 의사야!"라고 친구에게 소개하는 모습도 보았다.

정신과 치료에 보내는 편견이 줄어든다면 괴로운 생각을 하는 사람의 어깨의 짐이 가벼워질 것이다.

✦ ✦ ✦

정신과에서 하는
치료에 대해

정신과에서 실시하는 치료에 대한 기본적인 정보를 정리해보겠다. 정신질환 등 마음의 병을 다루는 클리닉이나 병원에는 다양한 치료 방법이 있지만, 가장 많이 사용되는 방법은 크게 두 가지로 나눌 수 있다. 하나는 약물을 통해 치료를 촉진하는 약물 치료이고, 다른 하나는 심리적 측면에서 접근하는 심리치료다. 비슷한 문제를 가진 환자들로 구성된 그룹에서 대화하는 집단 치료, 가족을 포함해 이야기를 나누는 가족 치료, 여러 가지를 조합한 치료 방법을 제공하는 데이케어 의료 기관도 있다. 심리치료에는 2장에서 자세히 설명한 인지행동치료도 포함된다.

마음의 병에 대한 약물에는 예전부터 오해와 편견이 많았지만, 다음과 같은 소문은 전부 사실이 아니다.

· 마음의 병은 약물을 한 번 사용하면 끊을 수 없다.
· 복용하면 인격이 변한다.
· 정신과 약물은 중독성이 있다.
· 약을 먹고 마음이 편해지는 것은 반칙이다.

약물 없이 심리치료로 대처할 수 있다면 물론 그것이 가장 좋다. 하지만 그렇게 대처하지 못하는 경우도 많기에, 그런 경우에는 약물 치료를 통해 몸과 마음이 편안해지고, 그것만으로도 치료된다는 사람도 있다. 혹은 약물의 도움으로 기분이 나아져서 그동안 진심으로 할 수 없었던 치료에 참여하게 되거나, 환경을 정리할 에너지를 얻기도 한다.

중장기적으로 약물을 계속 복용해야 하는 경우도 있지만, 6개월 또는 1년만 복용하는 사람도 많다. 어떤 마음의 병이든 약물을 사용해 증상이 개선되고 안정되면, 약물의 양을 줄이거나 필요가 없어지는 경우도 많다. 그러나 표면적으로 증상이 나아진 것처럼 보여도 병 자체가 치유되지 않거나 지속적인 증상이 있는 경우에는 약물 치료가 계속될 수 있다.

내가 환자들에게 자주 말하는 것은 "지금 필요한 약을 사용하는데, 장기적인 관계는 생각하지 않으셔도 됩니다"라는 것이다.

일반 인구에 대한 의학적 증거도 중요하지만, 개인마다 약물에 대한 반응이 다르기 때문이다. 그래서 나는 "의학적 증거를 기반으로 생각하되 오직 당신에게 맞는 방법을 선택합시다"라고 전한다. 먼 미래가 어떤 상황이 될지는 누구도 알 수 없다. 그러므로 지금 힘든 마음에서 회복하는 것을 목표로 하는 것이 현실적이다.

약을 복용하면 즉시 좋아지는 경우도 있지만, 조절이 필요한 경우도 있다. 가끔은 부작용으로 기분이 악화되는 경우도 있으며, 그런 경우에는 약물을 중단한다. 만약 약물로 인해 '내가 아닌 것 같다'라는 생각이나 행동이 나타난다면, 이를 견딜 필요는 없다. 또한 하나의 약물만이 아니라 여러 약물이 함께 작용해서 적절한 균형을 이루기도 한다.

정신과에서 사용되는 약물 중에는 중독성이 있는 것도 있지만, 항우울제나 항정신병약 등의 약물은 대개 중독성이 없다. 중독성이 있는 약물은 필요한 경우에 필요한 만큼 신중하게 처방된다.

정신적 고통을 생물학적 개입으로 완화하는 것은 결코 부정한 일이 아니라는 점도 강조하고 싶다. 예를 들어, 항우울제의 역할은 뇌 환경을 조절해서 우울한 기분과 의욕을 회복하는 것이다. 균형이 잘 맞지 않는 뇌 환경에서 신경 전달 계통에 적절하게 작용하기 위해 사용하는 도구라고 보면 된다.

✦ ✦ ✦

약물 치료에 중요한
위험성과 이점

　다양한 치료약을 어떻게 구분해서 사용해야 하는지는 전문가에게도 간단한 문제가 아니다. 한 번에 딱 맞는 균형을 목표로 하는 것은 어렵고, 하나 시도해보고, 그 반응을 보고 양을 바꾸거나 종류를 바꾸거나 다른 것을 더하는 식으로 조금씩 시행착오를 반복하는 경우가 많다.

　애써 시도한 것이 효과가 없는 경우 실망스럽기도 하지만, 반드시 좋아진다는 희망을 잃지 않도록 환자와 함께 달리는 것도 정신과 의사의 역할이다.

　약물 치료를 시도할지 말지 판단하는 것도 어려운 문제다. 치료하는 위험성과 하지 않는 위험성을 생각해보면 치료하지 않는 위험성은 지금 상태가 계속 이어진다는 것일 수 있다. 치료하는 위험성에는 안타깝지만 약에 따르는 부작용이 있다.

약 때문에 두통이나 복통이 발생하거나 배가 불편하거나 성욕이 저하되는 상태가 생길 수도 있다. 이런 것은 본래 인간이 즐길 수 있는 것을 즐기지 못하게 만들기 때문에 가볍게 여겨서는 안 된다.

그러나 약을 복용해서 현재의 고통이 완화될 가능성이 있다면, 부작용에 주의하면서 잘 활용할 수 있다.

정신건강의 이상을 가져오는 위험은 누구에게나 있으며, 인생의 어떤 순간에 증상이 나타날지는 알 수 없다. 재해, 이혼, 발병, 가까운 사람과의 사별 등 힘든 일은 갑자기 일어난다. 마음의 병도 누구에게나 찾아올 수 있기 때문에 재평가라는 것이 있고, 다양한 치료법이 있으며, 의사와 치료사 같은 전문가가 존재하는 것이다.

우려되는 증상이 계속되거나 그 증상이 일상생활에 지장을 주는 경우, 용기를 내어 주변 사람이나 전문 기관에 상담해보는 것도 좋다고 생각하기 바란다.

우울증 등의 정신질환 치료에는 휴식을 취하고, 스트레스를 줄이는 식의 환경 조성도 중요하다. 덧붙여 항우울제가 효과적인 경우나 상담 및 심리치료가 효과적인 경우 등 그 사람의 마음 상태와 주어진 환경에 따라 치료의 종류는 다양하다. 그리고 호전되기 시작하면 회복을 위해 가벼운 운동이나 집안일, 직장일을 하는 것도 효과적이다.

 정신질환의 약물은 뇌에 작용하기 때문에 염려가 되는 것은 당연하다. 하시만 지금까지 축적된 의학적 지식으로 봤을 때 적절하게 약물을 사용하면 치료가 원활하게 진행되는 경우가 많다. 따라서 마음을 편안하게 하는 도구 중 하나로 이해해야 한다.

5장

리어프레이즐이
필요한 사회

✦ ✦ ✦
존중한다는 것

　뇌신경과학의 시점에서 감정은 뇌에서 생겨나는 것이며, 부정적인 감정에 사로잡힐 때는 재평가라는 기법이 효과적이라는 점, 그리고 정신건강이 위기에 빠지지 않기 위한 돌봄과 처방전에 대해서 살펴보았다.

　마지막 장에서는 격동의 사회에서 누구나 느끼는 불안과 두려움에 휘둘리지 않고, 더욱 자기답게 자유롭게 건강한 마음으로 성장하기 위한 방법과 사고방식을 소개하고자 한다.

　나는 정신건강을 지키는 데에 가장 중요한 것은 자신의 존엄을 지키는 일이라고 본다. 존엄을 지킨다는 것은 어떤 의미일까? 다름 아닌 자신의 존재나 생각, 의견에 의미가 있다고 느끼는 것이 아닐까 싶다.

여기서 중요한 것은 '동의'라는 사고방식이다.

동의라는 말을 들으면 여러분은 무엇이 떠오르는가? 의사인 나는 의료행위의 정보에 입각한 동의Informed Consent가 떠오른다. 의료행위 전에 의료자는 충분한 설명을 하고, 환자의 희망을 들으면서 치료 등의 단계를 결정해나간다. 이 과정에서 환자는 의문이 있다면 해소하고, 내용에 대해 충분히 납득한 후에 의료행위에 동의하는 것이 정보에 입각한 동의다.

최근 동의라는 말을 들으면 성적인 동의를 떠올리는 사람도 있을 것이다. 유럽에서는 성교육이 의무화되어 있으며, 네덜란드에서는 4세부터, 프랑스에서는 6세부터, 핀란드에서는 7세부터, 독일에서는 9세부터 공립학교에서 성교육이 시작되고, 인간관계에서 동의라는 개념도 낮은 연령부터 소개된다. 미국에서는 30개 주에서 성교육이 의무화되어 있다.

일본에서는 2023년도부터 생명안전교육이 시작되었다. 이는 아이들이 최근 증가하고 있는 성폭력의 가해자나 피해자, 방관자가 되지 않도록 하는 노력의 일환이다. 교재는 유아기부터 준비되어 있으며, 문부과학성이 발행한 안내서에는 유아기의 경우 "유아의 발달단계에 맞춰 자신과 상대의 몸을 소중히 할 수 있도록 한다"라는 내용이 적혀 있다. 초등학교 고학년 교재에는 자신과 타인을 보호하기 위한 규칙이나 자신과 타인과의 거리감이 지켜지지 않을 때의 대처법 등이 나와 있다.

아들이 다녔던 미국 보스턴의 프리스쿨에서는 2세 클래스부터 동의에 대해 교육을 받았다.

이 연령에서 동의는 의료적 동의나 성적인 동의보다 더 기본적인 것으로, 인간관계 속에서 자신의 의사를 표명하고 상대의 의사를 존중하는 것의 중요성을 배운다.

예를 들어 홍차를 이용한 활동이 있다. 친구에게 "함께 차 한 잔할래?"라고 권유하는데, 친구가 "YES"라고 해도 "NO"라고 해도 둘 다 존중해야 한다고 배운다. 또한 "같이 놀자"라고 권유를 받았을 때 놀고 싶을 때도 있고, 놀고 싶지 않을 때도 있다는 것이 자연스러운 일이라고 배운다. 장난감을 가지고 놀고 있을 때 친구가 "빌려줘"라고 말하는 경우 빌려줘도 된다고 생각할 때도 있고, 자신이 더 사용하고 싶다고 생각할 때도 있으며, 어느 쪽이든 괜찮다는 것을 배운다.

내가 "친구가 빌려달라고 했는데, 빌려주지 않아도 되나요?"라고 놀라서 선생님에게 이 교육에 대해 물어보니, 친구와 장난감을 함께 사용하려면 무엇보다도 '자신이 사용하고 있는 것을 다 쓸 때까지 사용해도 된다'라는 것과 '누군가에게 빌려주더라도 자신이 필요할 때는 돌려받을 수 있다'라는 안도감이 필요하다는 설명을 들었다. 만약 '내가 사용하는 것을 누군가에게 빼앗길 수도 있다'라는 불안감이 앞서면 친구와 공유하기가 어려워진다고 했다. 설명을 듣고 나는 고개가 끄덕여졌다.

그리고 아이들이 배우는 동의는 계약이 아니라 두 사람 사이의 동의이므로 싫다고 마음이 바뀌어도 괜찮다고 한다. 감정 변화도 포함해서 서로 존중해야 한다. 규칙보다 서로에 대한 존중과 안도감을 더 중요하게 여긴다.

아이들에게 상대의 기분이 자신의 생각이나 희망과 달라도 "어쩔 수 없지" 하고 넘어갈 수 있는 사고방식을 가지기를 바라는 마음이 동의 교육에 포함되어 있다는 것을 깨달았다.

누군가를 초대했을 때 "NO"라고 대답해도 자신이 부정당한 것은 아니다. 빌려달라고 부탁했는데 "NO"라고 한다면 다른 친구에게 빌리거나 그 자리에서 빌리지 못하더라도 기다리면 자신의 차례가 온다. 이렇게 "NO"라는 대답을 들어도 '상처는 받지만, 괜찮아'라고 생각할 수 있는 경험과 거절을 받아들이는 연습이 함께 이루어져야 동의에 의미가 생긴다.

반대로 YES나 NO라고 의사를 표명해도 그 대답이 받아들여지지 않는 환경에서는 그런 말의 의미가 사라진다.

빌려달라는 말을 들었을 때 싫어도 빌려줘야 하거나 놀자는 말을 들었을 때 사실은 거절하고 싶은데 놀아야 한다는 경험이 쌓일수록 자신의 생각이나 대답은 의미가 없다고 느끼게 되고, 의사를 표현하려는 마음조차 생기지 않을 수 있다.

그리고 NO라는 대답을 듣는 경험을 소화할 기회가 없으면 NO라는 대답 하나하나가 불필요하게 큰 충격으로 다가올 수 있다.

누구나 자신의 존재, 생각, 의견에 의미가 있음을 느낄 권리가 있다. 사회에서 이런 존엄의 권리가 소중히 여겨질 수 있도록 먼저 자신이나 자신의 주변부터 생각을 전달하고, 상대의 생각을 받아들이는 연습을 해보자. 이런 작은 시도 하나하나가 기쁨과 용기로 바뀐다고 믿는다.

✦ ✦ ✦

자신의 몸과 마음은
자신의 것이라 생각하라

　동의라는 사고방식의 기초에는 '자기결정권Autonomy'이라는 개념도 존재한다. 이것은 폭력을 두려워하거나 타인이 자신의 운명을 정하는 것이 아니라 "자신의 인생, 자신의 몸에 관련된 것을 스스로 선택해도 된다"라고 자신의 의지에 깃든 힘을 의미한다.

　자신의 몸에 관련된 일은 스스로 정한다, 한다/하지 않는다를 스스로 정해도 된다, 타인과 다른 의견이 있어도 자신의 의견을 가져도 된다는 것이다.

　이 권리를 신체라는 관점에서 살펴본 세계인구백서 2021(유엔인구기금 발표)에는 다음 세 가지를 지킬 수 있는지 없는지를 묻고 있다.

· 성적인 교섭을 거절할 수 있다.
· 피임은 스스로 정할 수 있다.
· 건강관리를 스스로 결정할 수 있다.

그 결과 세계적으로 특히 여성의 신체와 관련되어 자기결정권이 얼마나 침해되고 있는지 알 수 있었다.

여성이든 남성이든 사소한 성적 농담이나 신체에 장난으로 접촉하는 것이 일상적으로 반복되면 좋고 나쁨의 경계가 흐릿해질 수 있다. 최악의 경우 강간이나 성폭력으로 발전할 수 있으며, 그 빈도는 사람들의 상상을 훨씬 초월한다. 이런 상황에 이르지 않더라도 동의 없이 신체에 접촉하는 추행이나 언어적 성희롱이 미치는 정신적 영향은 결코 무시할 수 없다.

싫은 경우에는 명확하게 "NO"라고 말할 수 있으면 좋겠지만, 상사와 부하, 교사와 학생, 코치와 선수, 선배와 후배와 같은 상하관계이거나 무섭다는 느낌이 들면 싫다고 말하기 어려운 경우가 많다. 그래서 스웨덴에서는 "Yes means yes!"라는 '적극적인 동의가 없으면 그것은 NO다!'라는 생각을 성관계 동의

법에 도입했다.

사람과 사람이 기분 좋게 관계를 맺으려면 일명 바운더리 Boundary(경계선)라는 개념을 갖는 것도 중요하다.

사람마다 여기까지는 괜찮지만, 그 이후는 불쾌한, 신체적이나 정신직으로 지키고 싶은 경계선이 존재한다. 그 경계를 타인이 넘어도 되는지, 안 되는지는 그 몸의 주인인 본인만이 결정할 수 있다. 자신의 경계선도 타인의 경계선도 눈에 보이지 않기 때문에 "넘어도 괜찮나요?"라고 서로 확인하는 것이 중요하다.

그리고 한 번 동의했더라도 생각과 다르거나 싫어질 수도 있다. 따라서 동의는 중간에 철회하고 거절할 수 있다. 이것은 신체적 관계에만 국한되지 않는다.

바운더리는 어떤 인간관계에도 존재한다. 어른들은 무심코 아이들의 언행을 통제하고 자신이 옳다고 생각하는 바를 강요하는 경향이 있는데, 부모와 자식 사이에도 바운더리는 존재한다. 아무리 아이를 생각한 부모의 제안이더라도 아이는 '결국 실패하더라도 이건 스스로 판단하고 싶어', '부모님의 의견과 반대야'라고 생각할 수 있다. 아이가 어릴 때는 위험에 처하지 않도록 부모가 막아야 하는 상황은 물론 존재한다. 하지만 아이에게 선택권을 줄 수 있는 경우도 사실 많다.

아이의 인생은 아이의 것이며, 아이의 의견도 몸도 아이의 것이다. 부모로서 아이가 설정한 바운더리를 넘지 말아야 하는 상황도 분명 있다. 어른이든 아이든 타인에게 존중받는다는 느낌은 안도감을 주는 기분 좋은 경험이다. 아무리 가까운 사이라고 해도, 사랑하고 있어도, 몸과 마음의 주인은 어디까지나 그 사람 본인이다.

자신의 의견과 몸은 자신의 것이다. 내 아이들이 받은 동의 교육은 주체적인 삶의 방식과 자존감을 기르는 데에 매우 중요한 교육이라고 느꼈다.

그리고 많은 사람이 상대의 입장에서 생각해보는 것을 의식하게 된다면 아이도 어른도 자신과 다른 의견을 지닌 사람에게 지금보다 더 안심하고 자신의 생각을 전할 수 있어, 자유롭게 살 수 있는 사회가 되어갈 것이다.

동의의 개념은 화가 나거나 상대를 공격하고 싶을 때 억제 장치가 될 수도 있다.

✦ ✦ ✦

동의와
오너십

앞서 자신의 일은 스스로 결정하고, 그 결과도 스스로 받아들
인다는 개념인 오너십에 대해 언급했는데, 오너십과 동의의 관
계에 대해서도 설명하겠다.

나는 미국으로 이주했을 당시에 내 의사를 표현하기가 어려
웠다. 반면에 현재 내가 지도하는 미국의 젊은 학생들은 하버
드대학 의학부의 부교수이자 지도 의사인 나에게 겁 없이 의
견을 표현하는 경우가 많아서 매우 대견하게 생각하면서 동시
에 성장 환경과 사회 규범이 미치는 영향의 크기를 실감하게
된다.

나는 예전부터 일본 사회의 허용 범위가 좁고, 동조 압력이 강하다는 점에 우려를 느끼고 있었다. 타인과 다른 의견을 가진 사람이나 자신의 의지로 행동하는 사람에게 보내는 무언의 공격, 젠더 등의 속성에 관해 일상적으로 듣는 말이나 미디어에서 접하는 이미지, 역할 의식, 사회 규범 등이 우리에게 미치는 영향은 예상보다 훨씬 크다. 그 속에서 불편함을 느껴도 '이런 말을 하는 건 상대에게 실례일까?', '나는 자격이 없어', '화기애애한 분위기를 깨뜨리면 어쩌지?'라는 생각이 들어서 쉽게 의견을 표명하기 어려운 것은 누구나 공감할 것이다.

또한 나이와 직책이 영향력을 행사하고, 힘 있는 사람의 목소리가 우선시되는 사회에서는 자신의 의견은 효력이 없고 '아무것도 변하지 않는다'라고 느끼는 경우가 많다. 그 결과 의견을 입 밖으로 꺼내기는커녕 생각조차 하지 않게 될 수도 있다.

실제로는 뭔가 이상하다고 느끼고 있지만, 분노나 슬픔을 느끼지 않도록 "별로 중요한 일이 아니야", "내가 조금만 참으면 돼"라고 스스로에게 말하며, 그 상황을 넘기려 하고 있을지도 모른다. 이것은 무의식적인 자기 방어 심리다.

자신의 솔직한 생각이나 솔직한 감정을 억누르고 싶어질 때는 오너십이나 동의에 대해 다시 생각해보자.

만약 불편함을 느낀다면 그곳에는 반드시 이유가 있다. 나도 가능한 한 내 감각을 믿고, YES/NO를 분명히 전달하려고 한다. 동시에 개개인의 목소리가 존중받고, 받아들여지는 사회가 되기를 바라고 있다.

✦ ✦ ✦

타인과의 차이를 인식하는
감정이입

영어 관용구에서 "to put yourself in other people's shoes"(다른 사람의 신발을 신다)라는 말은 자신이 아닌 누군가의 경험이나 상황을 생각하고, 그들이 어떤 기분을 안고 있을지 상상하는 것이다. 이전 장에서도 설명했듯이 이를 감정이입이라고 한다. 재평가는 자신이 현재 가지고 있는 관점과 다른 생각도 있을 수 있다는 가능성을 탐색하는 것에서 시작되므로 자신 이외의 시점을 고려하는 것은 재평가의 기초가 된다.

나는 미국에 살고 있기 때문에 타인과의 차이에 대해 생각할 기회가 많다. 여기에서는 아시아인이나 흑인에 대한 비방과 폭력 같은 혐오범죄 뉴스가 자주 보도되는데, 그때마다 내 인종이라는 속성에 대해 생각하게 된다.

특히 코로나 사태 동안 아시아계 사람을 겨냥한 혐오범죄가 2년 가까이 되는 기간에 1만 건을 넘었다고 한다. 한편에서는 인종차별에 맞서 Black Lives Matter 운동BLM과 Stop Asian Hate 운동이 시작되었고, 이것이 실제 생활에 변화를 일으켰다는 점은 이민 국가이자 자신의 환경을 바꾸려는 열정이 있는 미국 특유의 현상이라고 할 수 있다.

2020년 5월 조지 플로이드George Floyd 사망 사건을 계기로 팬데믹 중에도 BLM은 많은 지지자를 얻고, 많은 변화를 일으켰다. 미국에서는 무고한 흑인이 백인 등 다른 인종에 비해 압도적으로 높은 빈도로 경찰에게 죽임을 당하는 사건이 발생하고 있으며, 이를 멈춰야 한다고 호소하는 활동이 BLM이다.

큰아들이 다섯 살, 둘째아들이 세 살이던 시기에 BLM 지지자가 늘어나는 한편, 소셜미디어에서 인종차별을 지지하는 사람들의 공격적이고 무정한 글들이 눈에 자주 들어와서 나는 속이 울렁거릴 정도로 매우 불쾌한 감정을 느꼈다.

저녁시간에 남편과 조지 플로이드 살해사건에 대한 반응에 대해 이야기하고 있을 때의 일이다. 뭔가 불안한 기운을 감지한 큰아들이 "엄마 왜 화났어? 왜 슬퍼하는 거야?"라고 물었다.

"아무것도 아니야. 목욕하러 갈까?"라고 대답할 수도 있었지만, 나는 이러한 부당한 죽음을 통해 우리가 배울 수 없다면 사회는 변하지 않을 것이며, 무기도 소지하지 않고 위험을 무릅쓰지도 않은 일반인이 인종 때문에 경찰에게 죽임을 당하는 사회는 반드시 바뀌어야 한다고 강하게 느꼈다. 그래서 취학 전의 아이들과 인종차별에 대해 이야기하기로 했다.

아이들이 이를 자신과 관련된 문제로 받아들일 수 있도록 우리와 관련된 구체적인 대화에서 시작하려고 의식하며 조지 플로이드 살해사건에 대한 사진을 보여주었다. 그다음 "너희가 동아시아인이라는 이유로 다른 사람이 열등하다거나 약하다는 그릇된 인식을 가질지도 몰라"라는 사실을 전했다. 아이들이 앞으로 겪을 수 있는 차별에 대해 이야기하는 것은 마음이 아픈 일이었지만, 인종차별을 다루는 과정에서 우리 아시아계라는 인종이 어떻게 대우받는지를 숨기고 이야기할 수는 없다고 생각했다.

계속해서 "하지만 동아시아인은 위험하다거나 무섭다고 인식되는 일은 별로 없어서 미국에서는 비교적 안전하게 살 수 있어. 그런데 피부색이 짙은 흑인 아이들이나 특히 남성은 친절한 사람일지라도 주변에서 위험할지도 모른다고 두려워하는 경우가 있어. 경찰까지도 그렇게 생각해서 흑인이라는 이유만으로 흑인 남성과 소년이 경찰에게 죽임을 당하는 사건이 예전부터 여러 번 있었단다. 이 사진에 나오는 조지는 흑인이고, 그어떤 위험한 일을 하지 않았는데 경찰에게 죽임을 당했어. 경찰이라는 절대적인 힘을 가진 조직에 저항할 수 없는 상태에서조지가 죽임을 당한 것이 너무 슬프고, 그래서 우리는 화가 나있는 거야"라고 말했다.

인종차별이 우리 이야기이기도 한 것을 느낄 수 있도록, 미국에서 인종차별의 역사가 우리 가족에게 어떻게 적용되는지를세심하게 이야기하는 것도 신경 썼다.

"미국이 일본과 전쟁을 하고 있던 시기에 일본계 미국인들은집과 소유물, 일자리를 빼앗기고 강제수용소로 끌려갔어. 그곳에서 사망한 사람들도 있었단다. 그들은 아무 잘못이 없는 미국 시민이었는데……. 만약 엄마가 일본인이라는 이유만으로너희까지 멀리 있는 수용소로 끌려간다면 어떨까?"

이렇게 말하자 아들은 매우 충격을 받은 모습으로 "우리에게도 일어날 수 있어?"라고 물었다.

"우리처럼 소수 유색인종이 보스턴에 살면서 평범하게 학교에 다닐 수 있는 건 과거에 인종차별을 끝내기 위해 많은 사람이 열심히 싸웠던 시민권 운동 덕분이야. 시민권 운동의 리더는 흑인이었지만, 그 임무에는 다른 유색인종들도 포함되어 있었어. 그래서 지금 우리가 강제수용소로 끌려갈 가능성은 매우 낮을 거야."

나는 말을 이었다.

"다른 사람이 어떤 일을 경험하고, 어떤 느낌이 드는지 상상해보는 것을 감정이입이라고 해. 자신이 겪지 않은 일을 상상하는 건 어렵지만, 최대한 상상해보는 것이 매우 중요하단다. 감정이입은 우리 인생에서 필요한 것 중 하나야."

✦ ✦ ✦

타인이 약하든 강하든
자신의 강함은 바뀌지 않는다

　아들들과 대화하면서 불의에 맞선 사람들의 항의 활동에 대
해서도 이야기했다.

　다민족 국가인 미국에서 살다 보면 사회를 변화시키려는
에너지가 가득하다는 느낌을 종종 받는다. 최근에는 BLM,
#MeToo, 그리고 #STOP ASIAN HATE 운동 등 인종, 이민,
LGBTQ+차별을 없애기 위해 중요한 사회운동이 연달아 생겨
났다. 이런 운동들로 인해 실생활에서도 변화가 느껴진다.

　미국에서는 사회운동이나 항의 활동이 사회 변화를 이끌어내
는 힘이라고 긍정적으로 여겨진다. 일상생활에서도 친구나 가
족과 대화할 때 이런 화제가 포함된다. 그 바탕에는 차별을 받

아온 사람들이 편견에 굴하지 않고, 목소리를 내고 행동해서 권리를 쟁취한 역사가 틀림없이 존재한다.

하지만 때때로 항의 활동이 폭동으로 이어져 희생자가 나오기도 한다. 폭력을 해결책으로 사용하는 것은 잘못된 일이며, 미국에서 일어나는 많은 항의 활동이 평화적인 방법으로 진행된다는 점도 아들들에게 전달했다. 한편 사람들이 시위에서 과격한 항의를 볼 때 그런 항의 방법을 비판하는 데에만 집중해서 그들이 원래 무엇에 대해 항의했는지 잊어버리는 것은 바람직하지 않다.

조지 플로이드 사건 이후 친구들에게서 "미국은 지금 시위가 심각해?"라는 메시지를 몇 번 받았다. 이를 보며 일본의 BLM 보도에서는 BLM가 일어난 이유인 인종차별에 관련된 내용보다 (그 운동 내에서는 예외적인) 과격한 시위가 더 부각되고 있는 것이 아닌지 염려스러웠다.

아들들과 과격화된 시위에 대해 대화했을 때는 "폭력으로 뭔가를 해결하려는 생각은 절대 안 돼"라고 폭력을 부정한 뒤에 "하지만 이 사람들은 왜 물건을 때리거나, 창문을 깨는 행동을 했을까? 너희들이 뭔가를 때리거나 창문을 깨고 싶을 정도로 화가 나는 것을 상상할 수 있니? 엄마는 상상할 수 있어. 만약 너희들이 아시아인이라는 이유만으로 아무것도 하지 않았는데 경찰에게 의심을 받아 죽임을 당할지도 모른다고 계속 걱정해야 한다면 창문도 깨고 싶을 거야. 인종을 이유로 그런 걱정을 해야 하는 사회는 이상하다고 수십 년 동안 말해 왔는데 아직 아시아인이 경찰에게 죽임을 당하는 상황이라면 누군가를 때리고 싶을 수도 있어"라고 다른 사람의 신발을 신고, 흑인 아들을 둔 엄마들의 마음을 상상한 생각을 공유했다.

우리가 살고 있는 사회에는 인종차별이나 괴롭힘, 폭력이 존재한다.

그런 불합리한 사건에 어떻게 대처해야 좋을까? 곤란하게 느껴질지도 모르지만, 눈을 뗄 수는 없다.

일련의 대화 속에서 큰아들이 한 말이 매우 인상적이었다.

"괴롭힘을 당하는 애가 다른 애를 괴롭히는 건 왜 그래?"

"사람에게는 다른 사람이 나보다 약하다고 생각하면 자신이 힘이 세다고 느끼고 싶은 심리가 있어. 누군가를 낮추면 자신이 올라간다고 생각하거나 누군가의 힘을 뺏으면 자신의 힘이 커진다고 착각하는 거야."

그러자 큰아들은 "누가 나보다 약하든 강하든 나는 강해지지 않는데?"라며 신기한 표정을 지었다.

아들이 순수한 마음으로 핵심을 찌르는 발언을 해준 것이 나는 매우 뿌듯했다.

"다른 사람이 어떻든 나는 바뀌지 않는다"라는 시점은 앞서 3장에서 소개한 내적 평가나 오너십과도 이어지는 사고방식 이다.

자신의 정신건강을 지키는 말이며, 스트레스를 느껴 누군가 를 공격하고 싶어질 때도 꼭 떠올려보기 바라는 말이다.

✦ ✦ ✦

일상에 잠재된
작은 공격

　미국에서 BLM은 많은 소중한 말들을 일상적으로 쓰게 해주었다. 그중 하나가 미세 공격Micro aggression이다.

　이 말은 흑인 최초로 매사추세츠 종합병원의 의사가 되어, 하버드대 교수가 된 체스터 피어스Chester Pierce가 제언했다. "정치적·문화적으로 평가 절하된 집단에 대해 무심코 나타나는 편견이나 차별을 바탕으로 한 무시, 모욕, 부정적인 태도를 말한다"라고 설명할 수 있다. 예를 들어 흑인이 중요한 직책을 맡았을 때 "흑인인데 대단하네"라는 말을 들었다고 하자. "흑인인데"라는 말에는 '흑인이 중요한 자리를 차지할 리 없다'라는 인식이 깔려 있기 때문에 칭찬이라고 해도 받아들이는 사람은 머리가 복잡해진다.

이렇게 가해자 측에서는 알 수 없는 작은 상처를 주는 공격을 미세 공격이라고 부른다.

이전에 백신 계몽활동의 응원 메시지로 이런 표현을 받은 적이 있었다.

"처음에는 성공한 여성인 줄 알고 의심했는데, 말씀을 들을 때마다 진심이 느껴졌습니다."

감사하다는 말을 전해줘서 고마운 마음으로 가득했지만, 약간 걸리는 부분이 있었다. 나를 성공한 여성으로 분류한 것이었다. 어째서 의심을 받는 것일까? 같은 경력이나 직함의 남성이었을 경우에는 성공한 남성이라고 불리며 의심을 받았을까? 생각해보니 역시 이 말도 내가 여성이기 때문에 받은 미세 공격임을 알게 되었다.

미세 공격은 이렇게 응원이나 칭찬하는 말 뒤에 숨겨져 있는 경우도 많아서 성가신 존재다. 대개 말하는 쪽은 상대에게 상처를 주었다는 자각이 없는데, 받아들이는 쪽은 확실하게 상처를 받는다. 이런 지적을 하면 "너무 신경을 쓴다", "그냥 넘기면 되는데", "마음이 약하다"라고 비난 받는 경우도 많아서, 그 상처를 다른 사람은 쉽게 인식하지 못하는 어려움이 있다. 그로 인해 '지나치게 신경 쓰는 내가 나쁜 걸까?'라고 자신을 부정하는 마음이 생길 수도 있다. 알아주지 않아서 생기는 마음의 상처는 알아주지 않는 일 자체로 인해 상처가 더 깊어지기도 한다.

★ ★ ★

건강해 보이는데
꾀병 아니야?

   이런 미세 공격은 무의식적 편견Unconscious bias에서 나오는 것으로, 정신건강에 대한 이해를 차단하는 원인이 되기도 한다.

   이 책의 첫머리에서도 소개했지만, 2021년 오사카 나오미 선수는 자신의 정신건강을 우선하기 위해 프랑스 오픈 시합 후 기자회견을 거부했다. 그 후 그녀는 "억울함을 느끼는 일이 있어서……"라며 자신의 SNS에 글을 올렸다. 나오미 선수 정도의 세계적인 스포츠 선수가 자신의 정신건강에 대해 언급한 일은 큰 주목을 받았다.

   그러나 이 발언 후, 그녀가 수영복을 입고 웃는 얼굴로 스포츠 잡지의 표지를 장식한 것을 놓고 "수영복 촬영을 할 수 있을

정도인데 우울할 리 없다", "수영복 촬영을 할 수 있다면 기자
회견도 할 수 있을 텐데"라고 비판이 일었다(참고로 촬영은 시합
출장보다 훨씬 전에 이루어졌다).

여기에 정신건강에 대한 큰 오해가 있다. 우울한 기분이 계
속되고 있을 때나 정신질환이 발병한다고 생활의 모든 것을 할
수 없는 것은 아니다.

사람에 따라 PTSD(외상 후 스트레스 장애)나 우울증을 앓고 있
어도 일을 계속할 수 있고, 좋아하는 친구와 있을 때는 즐거운
마음으로 지낼 수 있다. 반대로 평소에는 즐거운 표정을 보이
고 일터에서 업무를 처리할 수 있어도 마음에 괴로움을 안고
있는 사람이 세상에 매우 많다.

그렇기 때문에 괴로운 생각을 하는 와중에 즐거움을 주는 기
회가 있다면 그것이 수영복 촬영이든, 신뢰하는 사람과의 만남
이든, 취미에 몰두하는 일이든 마음껏 즐기기 바란다.

또한 나는 정신질환의 진단을 받았는지 받지 않았는지는 큰
문제가 아니라고 생각한다. 그 사람 자신이 마음의 고통 때문
에 얼마나 살기 어려운지, 사회적으로 역할을 다하지 못하게
되었는지, 예전처럼 자신답게 살 수 있는지 없는지가 본질적으
로 중요하다. 만약 진단이 내려지지 않았다고 해도 고통스럽다
면 도움을 요청하자.

게다가 팬이라면서 "오사카 선수가 대회 운영자에게 비판받을 만한 결정을 내린 것을 보고 있을 수 없기 때문에 기자회견을 하도록 그녀를 설득해야 한다"라고 그녀를 생각해서 하는 말이라며 비판하는 사람도 있었다. 배려에서 나온 생각이겠지만, 이렇게 생각하는 팬들은 실패할 권리라는 것에도 눈을 돌리기 바란다. 실패할 권리란 잘되지 않을지도 모르는 상황에서도 도전할 권리, 그리고 결과가 실패로 끝나도 그 실패를 직면할 권리다.

자신의 선택도 타인의 선택도 그 자리에서는 옳고 그름을 판단할 수 없는 일이 많다는 것을 잊지 말아야 한다. 팬이 선수에게, 부모가 아이에게, 친구가 친구에게, 교사가 학생에게 아무리 그 사람을 위해 진지하게 생각해서 조언한다고 해도, 그것이 맞지 않을 가능성도 충분히 있다. 그리고 만약 걱정이 맞았다고 해도 당사자에게는 실패할 권리가 있다.

나쁜 일이 생길지도 모른다. 고생할 수도 있다. 하지만 실패하면 실패한 것이고, 그 사태에 대응하는 것도 그 사람의 인생이라고 놓아주는 것도 팬, 부모, 친구, 교사 등 누군가의 행복을 바라는 자의 의무 중 하나다.

뒤집어서 만약 자신이 개인적으로 행복할 권리나 실패할 권리를 빼앗기는 입장에 놓인 경우를 생각해보자. 한 번밖에 없는 자신의 인생에 대해 '나는 이렇게 하고 싶어'라고 생각한 선택을 잘 검토해서 스스로 선택한 일을 자기 자신이 허락하는 것이 중요하다.

그리고 그 도전의 결과 '이 선택은 실패였다'라고 결론을 내리더라도 그것 역시 자신의 인생이라 받아들이고, 그 지점에서 이어지는 장래의 가능성도 포함해 오너십을 가지는 것이 인생을 다시 일으켜 세우는 데 힌트가 될 수 있다.

✦ ✦ ✦

도망쳐도
괜찮아

　도망친다는 말을 들으면 여러분은 어떤 이미지가 떠오르는
가? 도망친다는 말에 조금은 부정적인 인상을 느끼는 사람이
많을 것이다. 그러나 잘 생각해보면, 스스로 생각하기에 좋지
않은 환경에서 벗어나겠다는 판단은 사실 매우 적극적인 것으
로, 긍정적인 점도 있다. 그러므로 나는 불안과 공포를 느꼈을
때 환경을 바꾸거나 도망친다는 선택을 두려워하지 말자는 메
시지를 전달하고 싶다. 자신의 행복을 위해 주체적으로 선택한
일이라면 그것을 타인이 어떻게 느끼는지 타인에게 어떻게 비
판받는지 휘둘리지 않아도 된다.
　예를 들어 세상에는 SNS에서 마음 없는 말을 던지거나 집요

하게 공격하는 사람들이 적지 않다. 나도 그런 피해를 경험한 적이 있어서, 실생활에서 이런 말을 들으면 엮이고 싶지 않은 사람들을 SNS에서 점점 차단하고 있다. 이런 생각을 하게 된 계기는 사실 오사카 나오미 선수의 존재였다.

시합 후 기자회견을 하지 않겠다는 취지를 표명한 뒤에 미국의 유명 뉴스 앵커가 "패션 잡지 촬영은 하셨는데"라고 말했을 때 오사카 선수는 SNS에서 "촬영은 반년 이상 전에 진행된 것입니다"라고 반박하며, 자신을 비난한 기자를 트위터에서 차단했다. 그 기자는 오사카 선수에게 차단된 화면의 스크린샷을 게시하며 "이런 비판도 견디지 못하다니, 강한 건 코트 위에서만이네요"라는 말을 던졌다.

이처럼 "상대에게 차단당했다"라면서 자신이 차단된 것을 상대가 나약하다는 증거로 보여주는 것을 SNS에서 자주 볼 수 있는데, 과연 차단은 정말 나약함의 증거일까? 그리고 차단된 것을 보여주는 것이 강함을 나타내는 것일까?

이 상황을 정리해보자.

우울한 기분을 공개하고, 기자회견을 하지 않겠다고 선택한 오사카 선수에게 엉뚱한 비난을 한 기자가 SNS에서 차단되었다. 이 상황에서 피해자는 오사카 선수임에도 불구하고, 비난이라는 괴롭힘의 가해자인 기자는 "내 괴롭힘을 견디지 못하다니 약하다"라고 마치 오사카 선수에게 문제가 있는 것처럼 조롱하는 메시지를 공개했다.

이처럼 피해자에게 문제가 있다고 생각하게 만드는 방식을 가스라이팅Gaslighting이라고 하며, 이는 가정폭력이나 괴롭힘에서 사용되는 심리적 학대의 대표적인 수법이다.

가해자는 피해자가 불리한 상황에 빠지기 쉬운 환경을 의도적으로 만들고, 점차 피해자가 자기 자신을 믿지 못하게 만들기도 한다. 또는 "넌 이상해", "상식이 없어"라는 식으로 계속 부정해서 피해자가 점차 자신의 생각에 자신이 없어지도록 유도한다. 괴롭힘에 견디지 못하는 모습을 보이면 "지나치게 과민해", "정신력이 약해", "쉬는 게 좋겠어"라고 마치 피해자에게 문제가 있는 것처럼 보이게 하는 것도 가스라이팅의 일종이다.

또 다른 가스라이팅의 예를 들자면 일본의 개그 문화인 '놀림'이라는 것이 있다. 내가 아무리 오랫동안 미국에서 살았어도 진심으로 웃음이 나오는 것은 일본의 개그와 농담이다. 아무래도 코미디 감각은 태어나고 자란 문화로 형성된다는 것을 실감케 한다. 내가 좋아하는 일본의 코미디 중에 신경이 쓰이는 부분이 바로 놀림이다.

사랑이 담긴 놀림은 분위기를 띄우고 재미있는 장면도 만들지만, 때때로 사랑이 없는, 놀림 당하는 사람에게 아무런 이익도 없는 괴롭힘 같은 모습도 보인다. 그런 놀림에 후배가 싫은 표정을 지으면 "선배에게 놀림당해서 고마워할 줄 모르는 후배가 잘못이야", "웃음으로 승화하지 못하는 건 예능인으로 자격이 없어"라는 분위기가 감지된다. 이것이 바로 가스라이팅이다. 예능계만이 아니라 동아리나 직장에서도 이런 현상은 자주 일어난다.

무슨 말을 해도 같은 사람에게 불합리한 공격이 멈추지 않을 때, 뭔가 이상하다고 느꼈을 때는 안 좋은 일을 말하는 사람에게서 빨리 떨어져 도망쳐야 한다. 그런 사람에게서는 도망치는 편이 낫다, 환경을 바꾸는 편이 낫다고 판단하고, 스스로 경계선을 그을 수 있다면 그것이 SNS의 차단이라 해도 긍정적으로 받아들여도 된다. SNS에서 댓글 하나하나에 즉각 반응해야 한다는 압박감을 받아도 실제로 댓글이나 메시지에 반응할 필요도, 봐야 할 의무도 없다.

싫어하는 사람은 싫어해도 된다. 분노나 두려움을 느낄 때 원인을 제공하는 사람이나 환경에서 멀어지는 일은 주체적으로 살아가고 있음을 보여주는 것이다.

또한 가스라이팅의 현장을 목격할 일이 있다면 부디 가해하는 쪽에 가담하지 않도록 피해자를 돕기 바란다. 그런 사람이 늘면 늘수록 피해자만이 아니라 많은 사람의 마음이 편안해질 것이다.

✦ ✦ ✦

이름이 붙으면
대응하기 쉽다

이전에 내 전작에 대해 흥미로운 감상을 말해준 사람이 있었다. 그것은 언어화가 격투기와 비슷하다는 말이었다.

격투기에서 기술에 걸릴 때 ○○이나 △△ 같은 이름이 붙은 기술이라면 '지금 이 기술에 걸리고 있다'라는 것을 깨달아서 낙법 자세를 취하거나 기술을 피하는 식으로 대응할 수 있는 확률이 높아진다고 한다. 반면에 걸리고 있는 기술에 이름이 없으면 대응하기가 어렵다고 한다.

인간관계나 사회 현상도 비슷한데, "이건 미세 공격이다", "가스라이팅이야"라는 식으로 이름이 붙으면 쉽게 알아차릴 수 있고, 문제점을 이해하는 데에 도움이 된다. 또한 무시하거나 문제점을 지적하는 등의 대응을 선택할 수 있다.

　게다가 무시하기로 선택했을 때도 답답함과 불편함을 느끼면서 무시하는 것이 아니라 자기 나름대로 이해하고 납득한 후에 무시하게 되면 나쁜 기분이 그리 오래 가지 않을 수 있다. 이런 언어화의 힘은 상상 이상으로 효과적이기 때문에 나는 언어화 도구가 많으면 많을수록 좋다고 본다.

✦ ✦ ✦

왓어바웃이즘을
겁내지 않는다

여기에서 언어화 도구로 유용한 두 개의 말을 소개하겠다.

일상에서 사용되는 왜곡 논법에 허수아비 논법과 왓어바웃이즘이 있다.

허수아비Strawman는 사람의 형태를 닮은 밀짚 더미를 의미하는데, 이 말에서 비롯된 허수아비 논법이라는 대표적인 왜곡 논법이 있다. 상대의 의견 속에 있는 명제(진정한 명제)를 전혀 다른 거짓 명제(허수아비)로 마음대로 바꾼 뒤에 거짓 명제의 결점을 지적해서 마치 상대가 진정으로 말하고자 했던 진정한 명제에 반론을 제기한 것처럼 보이게 만드는 것을 의미한다. 이는 정정당당하게 논의하는 것이 아니지만, 제3자가 보기에 그

반론이 얼핏 타당하게 보이기 때문에 "설득력이 있다", "논파력이 있다"라는 평가를 받는 결과를 초래한다.

허수아비 논법의 하나로 왓어바웃이즘Whataboutism("그럼 너는 어때?") 논법이 있다. 이것도 인터넷 커뮤니케이션에서 널리 사용되는 왜곡 논법이다. 왓어바웃이즘은 자신이 비판받았다고 느낄 때, "What about you?"("그럼 너는 어때?")라고 상대에게 반문해서 자신에게 불리한 논의나 언급하고 싶지 않은 논의를 회피하는 방식으로 자주 사용된다.

예를 들어, "일본보다 성범죄가 많이 발생하는 미국에서 살면서 일본 내에서의 동의 문제를 거론하는 것은 의미가 없다"라는 메시지가 내 SNS에 종종 온다. 말하자면 "그런 미국은 어때?"라는 비판이다.

이 비판에 대해 잘 생각해보자. 첫째로 실제 미국과 일본에서는 성범죄가 성립하는 조건이 전혀 다르기 때문에 보고된 성범죄의 수를 같은 선상에서 비교할 수 없다. 구체적으로 말하자면, 일본의 성적 동의 연령은 2023년까지 13세였으나, 미국에서는 16세~18세(주마다 다름)다. 즉 법률상 14세의 아이와 성인이 성관계를 가졌을 경우, 미국에서는 성인의 성범죄가 되지만, 일본에서는 폭행이나 강요 등이 없었다면 성범죄로 간주되지 않는다. 성범죄 피해를 신고하기 쉬운 정도와 성범죄가 성립되는 조건도 다르기 때문에, 일본과 미국의 성범죄 보고 수치를 나란히 놓고, 어느 쪽이 더 많다고 단순히 말할 수는 없다.

설령 성범죄 수가 미국이 더 많다고 해도 일본의 신체 자기결정권이나 동의에 대해 고민할 필요가 없을까? "그런 미국은 어때?"라고 말한다 해도 일본의 문제는 사라지지 않는다. 미국의 성범죄가 일본보다 많든 적든, 일본에서 성범죄가 존재하는한, 논의와 법률 개선, 시민 의식의 업데이트는 필요하다.

마찬가지로 신종 코로나 백신 계몽활동에 대해서도 "코로나 감염 확산이 심한 미국에 있으면서 누굴 계몽하겠다는 거냐"라는 비판을 받기도 했다. 확실히 미국의 코로나 감염 확산은 심각했고, 중증환자와 사망자의 수는 세계적으로 최악이었다. 그러나 내가 설명하는 신종 코로나 바이러스와 신종 코로나 백신에 관한 과학 논문의 내용은 내가 미국에 있든, 일본에 있든, 세계 어디에 있든 변하지 않는다.

이런 왓어바웃이즘 논법은 일상 대화에서도 넘쳐난다.

"그런 당신은 어때?"라고 자신의 약점을 지적받았다고 느낄 때는, 우선 멈추고 한숨 돌리는 것이 중요하다.

그리고 자신의 주장과 문제의 본질로 돌아가야 한다.

이어서 또 다른 허수아비 논법의 예시를 소개하겠다.

내가 임신 중에 신종 코로나 백신을 접종했을 때 "아직 임산부에 대한 임상시험이 없던 시기였지만, 기초 연구의 정보를 보았을 때 신종 코로나 백신이 임신에 나쁜 영향을 미칠 가능성이 낮다는 것은 분명했다. 감염 시 중증화 위험이나 사망 위험이 높은 임산부에게 백신을 접종하지 않는 위험이 훨씬 더 크다고 판단했다"라고 이야기했을 때 "임상시험을 무의미하다고 단정하는 무책임한 의사"라는 조롱을 받기도 했다.

이런 의견에 대해 그런 말은 한 적이 없다고 답하고 싶어지는 것은 글자 그대로 그런 말을 한 적이 없기 때문이며, 내가 한 말과 전혀 다른 주장을 허수아비, 즉 더미로 끌어내고 있기 때문이다.

이 상황을 정리해보자.

실제로 백신 등의 의료적 개입을 많은 사람에게 권장하려면 임상시험을 통한 효과와 안전성 평가가 필요하므로 나중에 임산부들이 안심하고 백신을 접종할 수 있도록 나도 백신 접종 후의 임상 경과 관찰 연구에 참여했다.

나처럼 백신을 접종한 임산부의 데이터를 검토한 결과, 백신 접종 후 여성의 유산율이나 합병증 발생 위험이 백신을 접종하지 않은 일반 여성과 전혀 다르지 않다는 것이 확인되었고, 그 결과 임신 중 백신 접종을 전 세계적으로 권장하게 되었다.

물론 내가 접종을 판단할 때 그런 임상 데이터가 있었다면 더욱 안심하고 접종했을 것이다. 그러나 엄마가 자녀를 보호하기 위해 중요한 결정을 내려야 할 때, 혹은 누구나 인생에서 큰 결정을 내려야 할 때, 필요한 정보가 모두 갖춰지는 일은 현실적으로 드물다.

그럼에도 그때그때 최선의 판단을 해야 한다. 나는 감염이 폭발 중인 미국에서 임산부로 신종 코로나 바이러스 감염증에 걸려 중증화되었을 경우, 태아에게 고통을 주는 위험을 반드시 피하고 싶었다. 그래서 그 시점에서 접근할 수 있는 과학정보를 신중하게 검토할 수밖에 없었다.

이 사고 과정 속에서 임상시험에 의미가 없다고 생각하거나 발언을 한 적은 단 한 번도 없다. 그럼에도 그런 조롱을 통해 내가 전달하는 과학정보의 해설을 믿지 말라는 인상을 주는 것이다. 이것이 바로 허수아비 논법에서 논리의 왜곡을 하는 방식이다.

이렇게 공격에 이름이 붙으면 그것이 논리의 왜곡이라는 것을 인식할 수 있다.

그리고 비록 불쾌한 감정을 느끼더라도 이름이 붙어 있어 대처할 수 있고, 별로 신경 쓰지 않아도 된다고 마음먹고 전진할 수 있는 경우도 많다. 언어화의 힘이란 바로 이런 것이다.

✦ ✦ ✦

논파는
문제 해결이 아니다

어째서 이런 가스라이팅 심리 조작, 왓어바웃이즘 논법, 허수아비 논법 같은 논리의 왜곡이 빈번하게 일어나는 것일까?

그것은 누군가에게 이기고 싶다는 것이 목적이 되는 데에서 비롯된다.

어떤 승부에서 이기고 싶다는 마음은 자연스럽게 드는 생각이다. 그러나 세상의 이슈는 대부분 단순히 승패로 나눌 수 있는 흑백의 문제가 아니다.

세대, 성, 직업, 체력이 제각각인 사람들이 살아가면서 다양한 가치관이 존재하는 가운데, 누구와 대립하거나 불쾌한 마음이 든다면 대화를 통해 자신이 원하는 변화를 상대에게 요구해서 상대가 거절하면 받아들이거나 양보하고, 받아들일 수 없는 상황이라면 계속 협상하면서 나아가야 한다.

변화를 위해서는 세대를 초월한 오랜 시간이 필요한 경우가 많다. 그 자리에서 서로 이해하지 못하더라도 그런 대화는 미래의 변화를 만드는 씨앗이 될 수 있다.

일시적인 싸움에서 이기는 것=문제 해결은 아니다. 문제의 실질적인 해결보다 승패를 우선하면 본래는 '조금이라도 마음이 전달되면 좋겠다'라는 생각이었는데, 앞서 언급한 All or Nothing(이분법적 사고)이라는 인지 왜곡이 발동할 수 있다.

일본에서 최근 '논파'라는 말이 유행하고 있다고 한다. 그 배경에는 앞서 언급한 YES/NO를 명확히 밝히지 못하는 환경이 있을지도 모른다. 타인과 다른 의견을 말하더라도 받아들여지지 않는 경우가 많고, 그런 상황에서 상대의 말을 들을 여유가 없거나, 의견을 말해도 소용없다고 포기할 수밖에 없는 상황이지 않을까 싶다.

그런 환경에서 의견을 내는 것은 인내심이 바닥난 상황, 즉 싸울지 도망칠지(투쟁 도피 반응) 고를 시점일 수 있다. 그러면 자연스럽게 논파의 싸움에서 승리가 목적이 될 수도 있다. 그러나 논파하는 것이나 당장의 언쟁에서 이기는 것이 목적이 되는 순간, 무의미한 트집 잡기나 논의의 초점을 흐리는 개인 공격 등의 논리의 왜곡이 나타난다. 이런 현상은 가정이나 직장에서도 자주 보이며, 인터넷 커뮤니케이션에서는 매일같이 발생하고 있다.

논파하고 싶어질 때는 멈춰서 재평가를 하자. 승패의 가치를 지나치게 높게 평가하지 말고, 장기적인 시점으로 이슈를 대면하는 것이 자신과 타인의 마음을 지켜줄 것이다.

✦ ✦ ✦

자기 인생의
방향을 잡아라

이 책도 마무리를 향하고 있다. 여기에서 내가 진심으로 감명을 받은 힐러리 클린턴_{Hillary Clinton}의 말을 소개하고자 한다.

그녀는 2016년 미국의 대통령 선거에서 여성으로는 처음으로 주요 정당의 대통령 후보가 되었다. 결과는 종합 득표수에서는 압승했지만, 다수결이 아닌 선거인단 제도로 정하는 미국 대통령 선거에서 패해 트럼프 정권이 수립되었다. 이 실망스러운 패전에서 어떤 재평가를 거쳐 인생에 의미를 느낄 수 있었을까? 그 답의 힌트가 되는 말이 힐러리가 모교인 명문 여자대학 웰슬리 칼리지에서 학생들에게 보낸 졸업 스피치에 있다.

"Do the right thing anyway."(어떤 상황에서도 옳은 일을 하라.)

아무리 억울하고, 포기하고 싶어지는 상황에서도, 불공정하게 대우받고 불리한 상황에 처하더라도, 누군가의 기대를 저버리게 되더라도, 자신을 믿고 자신이 옳다고 생각하는 일을 하라고 말했다.

영어에는 이너 컴퍼스Inner Compass라는 말이 있는데, 인생의 갈림길에서 무한한 선택을 해야 할 때, 자신의 마음속에서 '이쪽 방향으로 나아가야 한다'라고 나침반처럼 이끌어주는 감각을 의미한다.

힐러리가 말한 "자신이 소중히 여기는 가치관이나 방향성에 거짓말하지 않고, 어떤 상황에서도 옳다고 생각하는 일을 하라"라는 메시지에는 바로 자신의 이너 컴퍼스를 가지고 인생의 방향을 잡으라는 뜻이 담겨 있었다.

그것이 세상의 흐름과 반대되는 길일지라도, 자신의 중심이 옳다고 생각하는 방향으로 나아가는 것을 멈추지 않는다. 그리고 뭔가 다르다고 느끼는 것은 그 불편함을 억누르지 말고 대면해야 한다. 그것을 행동으로 옮기는 것이 자신의 인생을 살아가는 것이다.

내 인생을 돌이켜보면 이너 컴퍼스라는 것이 내 길을 개척하는 데에 매우 중요했다고 느낀다.

✦ ✦ ✦

미국으로
건너갈 결심

"어째서 미국에서 의사가 되기로 선택했나요?"

많은 사람에게 이런 질문을 받는다.

이 대답은 나에게 명확하다. 일본 사회의 여성 지위에 낙담했기 때문이다.

나는 미국이나 스위스에서 유년기를 보내기도 했지만, 일본에서 태어나 거의 일본에서 자랐다. 따라서 처음에는 일본에서 의사가 되는 것을 막연히 상상했다. 하지만 막상 의학부에 들어가 보니 의료 현장은 상상 이상으로 여성을 배제하는 남성 사회였다. 수년 전에 다수의 의대 입학시험에서 여성 수험자에게 불리한 부정이 보도되기도 했는데, 실제로 내가 일본의 의학부에 재학했을 때 100명의 학생 중에 여성은 15명뿐이었다. 의학부의 동기에게 "여자는 의사가 될 필요 없어", "의사로서 커리어가 소중하다면 여의사는 가정을 가지는 것을 포기하는 편이 나아"라는 말을 일상적으로 들었다.

교실이나 의학부 동아리방에는 성적 매력을 강조한 여자 사진 표지의 잡지가 숨기지도 않고 놓여 있었고, 여성이 접대를 하는 술집에서 친목회를 하기도 했다. 이러한 현실을 싫지만 어쩔 수 없이 받아들여야 한다는 분위기가 느껴져서 답답한 불쾌감이 일상화된 현장이기도 했다. 물론 존경할 만한 남자 의사도 있고, 일하기 좋은 의료 현장도 있을 것이다. 하지만 당시에는 여성으로서 일본 사회에서 행복해질 수 없을 것이라는 막연한 불안감이 들었다.

그런 대학 시절, 〈도라에몽〉이라는 애니메이션이 눈에 들어왔다.

모두 잘 알 테지만, 등장인물 중에 '시즈카'라는 여자아이가 있다. 예쁘고, 예의 바르며, 공부도 잘하고, 누구에게나 친절한 매력적인 소녀다. 하지만 시즈카가 노비타나 자이언트 같은 친구들 사이에서 리더십을 발휘하는 모습을 본 적은 없다. 주로 남자아이들 뒤에서 "힘내!"라고 응원한다. 초등학생임에도 시즈카의 목욕을 엿보는 장면도 가끔 등장한다.

미디어에 비치는 표상은 사회에서 공유되는 느낌을 기반으로 하며, 이러한 표상을 보면서 사회적인 감각이 강화되는 상호작용을 한다. 나는 시즈카를 비롯해 미디어에 나타나는 여성상을 보면서 '일본에서 원하는 여성상은 이런 것이로구나'라고 짐짓 납득이 가면서도 안타까웠다. 물론 그런 여성이 존재하는 것도, 그런 여성이 된다는 선택지가 있는 것도 나쁜 일은 아닐 것이다. 하지만 이상적인 여성의 모습으로 제시되는 형태 외에 다른 모습이 보이지 않는 상황에서 여성에게 제시된 부족한 선택지와 좁은 선택의 범위가 실망스러웠다.

내가 목표로 하는 인간상은 남성의 한 발 뒤에서 응원하는 시즈카가 아니었다. 그녀와 같은 능력이 있다면 스스로 도라에몽을 개발하는 사람이 되고 싶었다.

일본에서 결혼할 때 성을 바꾸는 것은 약 95퍼센트가 여성이고, 여성이 집안일과 육아에 소요하는 시간은 남성보다 5.5배 많다고 한다. 인생에서 몇 번 없는 출산이 있다는 이유로 의학부 입시 단계에서 불리해지는 구조가 존재하는 식으로 여성의 선택지가 제한되는 일이 많다. 여성 리더의 수는 선진국 중에서도 압도적으로 적고, 아이와 남편, 부모를 돌보는 것을 미덕으로 여긴다. 육아하는 남성을 칭찬하는 것에 비해 여성은 집안일, 육아, 돌봄을 아무리 잘해도 감사받을 기회가 적다. 이런 현상은 일본 여성의 정신건강을 조용히 괴롭히는 요인 중 하나가 되고 있다.

의대생이었던 나는 내가 원하는 삶을 일본에서 실현하기 어려울지도 모르겠다고 생각해서 미국에서 의사가 되기로 결심했다. 그렇다 해도 일본 대학을 다니면서 미국 의사 국가고시를 치르는 것은 쉽지 않았다. 일본의 의대생으로 미국의 연수 프로그램에 채용된 것을 포함해, 잠잘 틈도 없이 외롭고 힘들었던 기억이 많았다.

하지만 그런 힘든 시기에도 일본을 떠나겠다고 결심한 덕분에 정신적으로는 매우 편해졌다. 일본 여성의 지위에 절망했지만, 그 사실을 언어화하고 받아들여 분노와 불만, 그리고 내면화된 '사회에서 요구하는 여성상'이라는 틀에서 벗어나 목표와 해야 할 일을 찾고 행동을 시작할 수 있었다. 이것은 나에게 철저한 수용이었으며, 내 오너십이 깨어난 순간이었을지도 모른다. 나의 이너 컴퍼스는 명확한 방향성을 제시해주었다.

그 후, 나는 일본 역사상 최연소 미국 임상의사가 되어, 예일대학교와 하버드대학교에서 인턴 생활을 마쳤다. 현재는 하버드대학 의학부 부교수이자 매사추세츠 종합병원의 지도의·센터장으로 일하고 있다. 그리고 남편과 함께 세 아들을 키우고 있다.

그렇다면 미국은 파라다이스일까? 전혀 그렇지 않다. 영양

교육과 위생 습관의 부족, 총기 문제, 인종 차별, 인공 임신 중절에 대한 분열 등 미국에는 고유의 문제들이 산적해 있다. 그러나 그런 이상한 나라여도 미국에서 일하는 동안 일본에서 여성 의사·의대생으로 느꼈던 소외감이나 내 자리가 없는 듯한 느낌을 거의 경험하지 못했다.

내가 리더십을 발휘하는 상황에서는 부하 직원이나 학생들이 성별, 인종, 성적 지향성, 자녀 유무에 관계없이 자기실현을 할 수 있도록 지도하고, 항상 기회와 책임을 부여하려고 노력하고 있다. 여러분은 나와 같은 여성의 모습이 존재해도 괜찮다고 느끼기를 바란다.

+ + +

작은 용기를
쌓아가라

아이들이 방과 후에 다니는 애프터 스쿨 프로그램(돌봄교실 같은 것)에서 용기에 대해 이야기한 프린트가 배포된 적이 있다. 용기라고 하면 두려움 없이 적에게 맞서는 영웅의 이미지가 떠오르는 사람도 많을 것이다. 하지만 아이들이 배우는 내용은 "용기란 커다란 것에 맞서는 용기도 있지만, 그것만이 아니다. 더 작은 형태의 용기도 있다"라는 것이었다.

"무서운 것을 무섭지 않다고 느끼게 되는 것이 용기가 아니라 비록 무섭다고 느끼지만 마음을 열어 새로운 것에 도전하는 기회를 갖는 것이 용기다."

그리고 다음 내용이 이어졌다.

"이번 주말에 살고 있는 지역에서 가본 적이 없는 곳에 가보자. 먹어본 적이 없는 음식을 먹어보자."

거의 모든 학생들이 먹어본 적이 없을 만한 튀니지의 쿠키 레시피도 실려 있었다. 나는 이것을 읽고 뭔가 설레는 듯한, 정말로 용기를 내고 싶어지는 멋진 말이라고 느꼈다.

조금만 활동 범위를 넓혀보거나 새로운 사람을 만나거나 그동안 피했던 정보를 받아들여보는 일 역시 작은 용기다.

불안이나 두려움을 없애려고 하지 않아도 된다. 오히려 자신이 두려움을 느끼고 있다고 받아들이고, 그 위에서 무언가 도전할 수 있는지 생각해보자는 것이다. 이렇게 사소해 보이는 한 걸음도 사실 인생에서 매우 큰 역할을 한다.

재평가도 마찬가지다. 분노를 기쁨으로 바꾸거나 슬픔을 평온으로 바꾸는 큰 변화를 원하지 않아도 된다. 갑자기 산의 정상에 도달하려고 하면 그 높이에 압도당해 중간에 포기할 가능성이 있지만, 일상생활 속에서 작은 한 걸음을 소중히 여기고, 작은 성공을 쌓아가다 보면 어느새 감정 조절을 잘하게 될 수 있다.

이 책에서 소개한 재평가란 결국 무엇일까?

그것은 자신에게 솔직해지는 일이다.

불안이나 두려움을 느낄 수 있지만, 자신의 감각에 솔직해지는 용기를 내고 자신의 약함을 받아들이며, 결국 자신이 지닌 다양한 강함을 알아차리는 일이다.

그리고 스스로 자기 인생의 방향을 잡고, 자신다운 선택을 하는 것이다.

이런 성공과 실패를 반복하면서, 자기 마음의 나침반 방향이 정해지는 과정에서 진정으로 원하는 행복에 가까워질 실마리를 잡을 수 있지 않을까?

여러분도 용기를 내어 자신의 마음을 지키는 첫걸음을 내딛어보자.

행복을 위해 행동하라

이 책을 집필하면서 오랜만에 인턴 시절을 떠올려봤다. 그리고 어느새 그 시절 좋아했던 브로드웨이 뮤지컬의 가사를 흥얼거리고 있었다.

오즈의 마법사 이야기를 다룬 뮤지컬 〈위키드Wicked〉제1막의 마지막 장면. 녹색 피부와 총명한 두뇌, 강력한 마법의 힘을 가진 주인공 엘파바는 세상에서 오해를 받고 괴롭힘을 당하기도 하지만, 자신의 가치를 오즈의 마법사에게 인정받아 무언가가 바뀌지 않을까 하는 꿈을 꾼다. 그러나 오즈의 마법사와 실제로 만나보니 그가 사실 마법을 쓸 줄 모르고, 권력을 악용해서 오즈에 살고 있는 동물에게서 힘을 빼앗을 음모를 꾸미고 있음을 알게 된다. 음모가 탄로 날 것을 두려워한 권력자들이 "저 녀석은 나쁜 마녀다"라는 허위 정보를 세상에 퍼뜨렸음에도, 엘파바는 권력에 굴하지 않고 올바른 일을 하기 위해 동물들을 지키려고 마음먹고, 빗자루에 마법을 걸어 날아가는 것을 느낀다.

그곳에서 그녀가 노래하는 것이 〈Defying Gravity〉라는 곡이다.

곡 중에서 엘파바는 "내 안에서 무언가가 바뀌었다"라고 깨닫는다. 이제 이전의 자신처럼 타인이 만든 규칙에 속박당하거나 자기 자신을 의심하거나 행동을 망설이지 않겠다고 맹세한다.

타인이 강요하는 한계를 스스로 적용하는 일도 멈춘다고 한다. 행동해도 바뀌지 않는 일도 존재하지만, 해보지 않으면 알수 없다. 행동하지 않고 잃는 것이 소중할수록 그 대가는 아주 커진다. 이렇게 생각한 그녀는 곡의 끝에 중력(타인이 만든 게임 규칙)을 거스르며, 다시는 누구도 자신을 끌어당겨 떨어뜨릴 수 없다고 힘차게 노래한다. 문자 그대로 중력을 거슬러 빗자루를 타고 날아가는 마법을 느낀다.

지금 돌이켜보면 이 가사에는 리어프레이즐, 즉 재평가가 담겨 있었다.

사회나 타인이 보내는 시선, 성장이나 과거의 경험에서 형성되어 자신의 생각을 옥죄는 형식, 그것을 타파해서 자유로워져야 한다.

부당한 취급이나 차별을 극복하고 자신의 종합적인 행복을 위해 행동해야 한다.

그 과정에는 많은 슬픔과 불안, 분노가 있지만, 감정 하나하나를 받아들이고, 그 속에 자신에게 소중한 것이 무엇인지 다시 살펴보고, 스스로 선택한 길을 걸어야 한다.

그런 회복력을 나타낸 이 노래가 당시 나를 지탱해준 응원가였다.

괴로운 시기에 내가 이 곡에서 얻은 희망을 이번에는 내가 여러분에게 조금이라고 보낼 수 있기를 바란다.

대량의 정보가 오가는 현대는 타인과의 거리가 멀고도 가까운, 정말로 마음이 흔들리기 쉬운 시대다. 일상에서 답답함, 불편함, 혹은 불안과 슬픔과 분노라는 마음의 고통을 느낀다면 먼저 자신의 감정을 차분히 대면해보자. 감정의 배경에 무엇이 있는지를 한 번 멈춰서 생각하고, 본질로 돌아가서 다시 살펴보자.

그러면 멈춰 있던 시계가 움직이기 시작할지도 모른다. 괴로운 감정으로 뒤덮였던 터널의 끝에서 빛이 보일지도 모른다.

마지막으로, 다른 누군가가 아닌 자신의 인생을 나아가려고
하는 여러분을 진심으로 응원한다.

감정이 행동이 되지 않게

1판 1쇄 찍음 2024년 12월 17일
1판 1쇄 펴냄 2024년 12월 24일

지은이 우치다 마이
옮긴이 정지영
펴낸이 조윤규
편집 민기범
디자인 홍민지

펴낸곳 (주)프롬북스
등록 제313-2007-000021호
주소 (07788) 서울특별시 강서구 마곡중앙로 161-17 보타닉파크타워1 612호
전화 영업부 02-3661-7283 / 기획편집부 02-3661-7284 | 팩스 02-3661-7285
이메일 frombooks7@naver.com

ISBN 979-11-88167-99-9 (03190)